乡村振兴战略背景下的乡村旅游发展研究

祁颖 著

延边大学出版社

图书在版编目（CIP）数据

乡村振兴战略背景下的乡村旅游发展研究 / 祁颖著
. -- 延吉：延边大学出版社, 2020.12
ISBN 978-7-230-00436-7

Ⅰ. ①乡… Ⅱ. ①祁… Ⅲ. ①乡村旅游－旅游业发展
－研究－中国 Ⅳ. ①F592.3

中国版本图书馆 CIP 数据核字(2020)第 248338 号

乡村振兴战略背景下的乡村旅游发展研究

———————————————————————————————————————

著　　者：祁　颖
责任编辑：吕弼顺
封面设计：延大兴业
出版发行：延边大学出版社
社　　址：吉林省延吉市公园路 977 号　　　　邮　　编：133002
网　　址：http://www.ydcbs.com　　　　E-mail：ydcbs@ydcbs.com
电　　话：0433-2732435　　　　　　　　传　　真：0433-2732434
制　　作：山东延大兴业文化传媒有限责任公司
印　　刷：延边延大兴业数码印务有限责任公司
开　　本：787×1092　1/16
印　　张：13.75
字　　数：200 千字
版　　次：2022 年 3 月 第 1 版
印　　次：2022 年 3 月 第 1 次印刷
书　　号：ISBN 978-7-230-00436-7
———————————————————————————————————————

定价：58.00 元

作者简介

祁颖，女，河北经贸大学硕士，现任张家口学院旅游与环境学院讲师，主要研究方向为旅游业服务与管理、乡村旅游发展战略、旅游教育教学。工作至今，一直从事旅游管理专业教育教学。

前　言

　　大力发展乡村旅游业，有助于农民致富、促进农业产业升级、实现农村发展。党的十九大报告中提出要实施乡村振兴战略，乡村旅游业迎来更好的发展机遇。在乡村振兴战略的指导下，乡村的旅游业发展形成了自己独特的模式，从开始发展到转型提升，进入较为快速的发展阶段。当前，在多项发展内容的指导下，乡村旅游业的发展，已经具有一定的规模及发展基础，在多地有了较好的发展形势。

　　发展乡村旅游业与乡村振兴战略的总要求具有极高的匹配度。发展乡村旅游业是实现乡村产业兴旺繁荣的重要途径，同时也可以增加农民收入。通过发展乡村旅游业改善农村环境，高度切合生态宜居的要求；发展乡村旅游业可以有效地推进乡风文明和乡村治理。乡村旅游业的发展不仅会推动农村地区第一、第二、第三产业的融合发展，转变经济发展方式，调整生产结构，促进农民的增产增收，而且是对乡村振兴战略的积极践行和响应。

　　本书有两大特点：第一，本书结构严谨，逻辑性强，主要探讨了乡村振兴战略的基本理论与创新研究，为乡村振兴战略的发展提供了理论依据。第二,本书理论与实践紧密结合，对旅游业与乡村建设融合进行了详细的论述，让读者对乡村振兴战略背景下的乡村旅游业发展工作有了更深入的了解。

　　笔者在写作本书的过程中，借鉴了许多专家、学者的研究成果，在此表示衷心的感谢。书中存在的不足之处，敬请各位专家、学者和读者朋友们批评指正。

前　言

目　录

第一章　乡村振兴战略的理论研究

第一节　乡村振兴战略的几个基本问题

乡村振兴战略是解决"三农"问题的新思路，是中国特色社会主义落实"三农"政策，实现农村全面小康的必然选择。党的十九大报告总结了我国过去五年的辉煌成绩，提出了一系列重要论断，做出了一系列重要部署，系统地阐述了习近平新时代中国特色社会主义思想。乡村振兴是涵盖其中的重要战略部署。贯彻乡村振兴战略，必须认清乡村振兴战略的科学内涵、历史发展、重大意义和具体措施等几个基本问题。正确认识和把握乡村振兴的基本问题，对推进乡村现代化发展、加强党对农村工作的全面领导，具有关键的指导作用。

一、乡村振兴的科学内涵——理论准备

2018 年 1 月，习近平在主持中共中央政治局第三次集体学习时强调，"乡村振兴是一盘大棋，要把这盘大棋走好。"乡村振兴内涵明确，是加速农村发展的创新理论。明确乡村振兴战略的科学内涵问题，是我们党实施乡村振兴战略的核心和总抓手。

第一，要辨明"乡村"是主体。这是乡村振兴战略实施的载体和基础。只有明确载体和基础，才能精准发力、精准施政。乡村振兴战略的总要求是："产业兴旺、生态宜居、乡风文明、治理有效、生活富裕"。20字的概括，紧紧围绕"乡村"这一主体展开，兼顾社会、生态、经济等各个方面，不仅为中央的农村工作指明了方向，而且为乡村振兴战略实现内涵式发展提出了新要求。2016年，党的十八届五中全会提出了"创新、协调、绿色、开放、共享"的五大发展理念，乡村振兴战略的总要求正是贯彻五大发展理念，推进乡村整体建设的一条主线。乡村振兴，关键在"乡村"，深刻体现了党中央对推进乡村建设、重视乡村发展的决心。进入全面建成小康社会攻坚期的重要阶段，乡村能否实现真正的小康才是检验全面小康的重要标尺。党中央要坚持把乡村的各方面建设与我国进入新时代的现实相结合，体现"新思路"，融入"新内涵"，取得"新成就"。

第二，要强调"振兴"是目的。"振兴"就是要再一次实现农村地区各项事业的兴旺和兴盛，是农村事业的整体再提升和再飞跃的过程。从时间范围来看，乡村振兴站在中国特色社会主义新时代的开局之时，是崭新的事业，是农村全面"复兴"的开端，是将农村发展与党中央的全面领导相统一，实现"两个一百年"奋斗目标的兴旺之始。与其他现代化进程相比，我国农业的现代化程度依然落后，农民对美好生活的各方面需要并没有得到更好地满足。从发展理念来看，乡村振兴战略再次重申了"三农"问题为中央工作的重中之重，"优先发展"是党中央高度重视农业农村问题的体现。农业是国民经济的根本，没有农业、农村、农民的繁荣，社会主义的繁荣便无从谈起。"振兴"是中央农村工作的综合性、全面性、整体性的提升，是农村整合发展，城乡互补发展、相互融合、协调进步的时代理念。

第三，要着眼"战略"是总揽。战略是带有全局性、关键性、系统性的国家方略。把乡村振兴提升到国家"战略"的高度，体现了党中央在新时代重视农村工作、大力发展农村各项事业的信心和决心。因此，我党从现代化建设的全局着眼，在深刻分析新时期我国社会主要矛盾发生变化的基础上，提出了乡村振兴的重大战略思想，为加快建成小康社会，推进农村地区的精准扶贫做出了重要指导。"战略"是总揽，也是指引，是国家对农村未来发展的具体谋划和建设蓝图。明确"战略"的总揽核心作用，在理论上进一步加强了乡村振兴的重要地位，在实践上确立了农村发展的具体部署，系统地回答了乡村发展的重要现实问题。

二、乡村振兴的发展历程——历史溯源

自古以来，中国的发展变迁都与乡村有着密切的联系。传统文化、历史典籍、经济生活、政治制度等都在一定程度上受到中国乡土思想的影响。近代以来，随着西方文化的不断深入，中国的现代化历程缓慢行进，乡村的发展在这一过程中相伴进行。伴随乡村的现代化历程，乡村建设的实践在各方面不断推进，向着乡村振兴的目标迈进。

（一）20 世纪 30 年代的乡村复兴思潮和建设

20 世纪 30 年代，中国的救亡图存运动风起云涌，挽救民族危亡的有识之士把重点转移到了中国广大的农村地区。20 世纪 20 年代中后期，随着国民革命的发展，农村地区的重要性日益显现。到 20 世纪 30 年代初期，以梁漱溟、晏阳初以及方显廷为代表的一批知识分子力图开展农村运动，建设农村经济，发展农村的各项事业，希望以农村地区的复兴为开端，挽救中国社会的危亡局面。从"乡村自治"的思想萌芽到发展乡村农业、教育、合作社等主张的出现，乡村复兴思潮逐渐高涨。

梁漱溟主要在山东省邹平一带开展了乡村建设运动，并不断地传播乡村复兴思想。他主张将乡村的文化建设作为重要方面，同时出版了多部书籍，逐渐形成了自己的乡村复兴思想。在这期间，他在邹平一带组织建立了早期的乡村组织，联系农民组成村民自治团体，发展农村的教育事业，借鉴国外经验，阐发了建立农村合作社的相关理论以及乡村工业发展思想等，为建立一个众人平等，完全消灭私有制的理想社会做出了努力。

与梁漱溟同时代的晏阳初，在河北的定县一带开展了乡村复兴运动。致力于培养农村的知识分子和进步人士，注重发展农村的文化、文艺等事业，将农村的发展、农民自身的进步成长与教育的深度和广度相联系，并且在训练人才方面也形成了独特的方式方法。随着教育的发展，晏阳初将具体的经验和教训加以总结，并向全国推广，但由于当时社会的现实状况，加之自身力量薄弱，并未在其他地域形成规模效应。

方显廷对当时的中国社会问题做了大量深入的研究，强调农业是近代国民经济中最重要的产业，是国民经济其他产业发展的基础。他首先从发展农村工业开始，逐步建立农村的合作社与合作生产组织，对农业农村的发展起到了很好的推动作用。在乡村复兴后期，它主张要将政府的推动和支持作为乡村复兴的重要支撑，只有发动社会各方力量，乡村复兴的理想才能早日实现。

20世纪20至30年代的乡村复兴理论和实践，在一定程度上对当时中国社会的发展起到了推动作用，在中国农村的经济建设、社会建设和文化建设等方面做出了积极的贡献。中国知识分子在乡村复兴的实践中传播了先进思想，但由于没有触及落后的生产关系，乡村复兴理论与实践并没有从根本上改变农村发展的现实。

（二）社会主义过渡时期的农村发展

1949 年，在继续完成历史遗留任务的前提下，中国共产党在农村地区的工作主要是以恢复农村的基本生产为主。从 1950 年开始，在艰难恢复国民经济和进行社会建设的过程中，为了进一步解决好农村的土地问题，中国共产党在新解放区进行土地改革，变封建的土地所有制为农民土地所有制，极大地提高了农民的生产积极性，提高了农业生产效率。1953 年，党适时地提出了过渡时期的总路线，要在一个相当长的时期内，完成对农业、手工业和资本主义工商业的社会主义改造。到 1956 年，"三大改造"提前顺利完成。在农业方面主要从农业互助组到初级社再到高级社的形式，通过变革生产关系，建立了农业的合作化形式。人民公社体制的逐步建立，统购统销政策的实施，农业和农民问题的重合，使得"三农"问题并不突出，农业生产问题解决的同时，也为农村发展和农民收入问题提供了帮助。在实现土地公有制的前提下，极大地推动了农业生产，为农村工业化的发展奠定了基础。

（三）社会主义发展新时期的农村建设

1978 年党的十一届三中全会的召开，开启了中国特色社会主义事业发展的新时期。农村的发展也翻开了崭新的一页，农村改革再次启动。会议分析了当前中国面临的艰巨形势和任务，指出过渡时期农村生产合作化的人民公社的旧体制过于集中，无法适应当前经济社会快速发展的需要。因此，党的十一届三中全会提出加快农村土地改革，在全国实行家庭联产承包责任制，改变过渡时期的农业生产关系，破除计划集中的旧体制，使农民从单纯的农业生产者向市场生产和经营主体角色转变。随着农村政策的不断发展，家庭联产承包责任制逐步深化，各种形式的农村经营模式（包产到户、包干到户）也在全国迅速发展起来。进入 20 世纪 90 年代，中央在持续推进农村家庭联产承包责任制的同时，提出建立农业社会化服务体系，农村的社会化建设逐步推进。党的十五大报告中指出要"长期稳定以家庭联产承包为主的责任制，完善统分结合的双层经营体制，逐步壮大集体经济实力"。在这一政策的指导下，农村单一的农业生产结构被打破，加工业和工业企业异军突起，乡镇企业纷纷建立并成为农村发展的新力量，乡村振兴走上现代化的快车道。

三、乡村振兴的重大意义——价值彰显

乡村振兴战略的提出为我国农村的发展带来了新的机遇，展现了党中央继承历史、开拓创新，不断完善党的农村制度，推进农村各项事业发展的勇气和信心。新时代需要新思路，农村的繁荣离不开党的正确领导，在面对我国初级阶段社会矛盾已经转变的关键时期，推进乡村振兴战略对研究农村发展、描绘农村未来蓝图意义重大。

（一）乡村振兴战略调整了城乡关系，是逐步缩小城乡差距的必然选择

随着 1978 年改革开放政策的实施，中国的城镇化由缓慢发展转向跨越式前进，城市建设在全国各地陆续展开，大批的农村劳动力转向城市，非农人口迅速增长，形成了农村人口大规模地向城市流动的特殊时期。在城镇化的过程中，农村人口单一流向周边大城市，使得城市人口不断增加，农村人口相对减少，这就在很大程度上造成城市与农村的发展出现了人口上的不平衡。城市化发展使得城市与农村的差距拉大，城市与农村的贫富差距也随之加大。实施乡村振兴战略，统筹城市与农村两个发展大局，有利于现阶段

推进农村与城市的均衡发展,逐步解决城乡发展矛盾,调整城乡关系。同时,有利于农村乡镇企业和农业企业形成规模效应,对保存农村剩余劳动力,发展农村传统产业有着重要作用。乡村振兴战略的实施,进一步完善了农村基础设施建设,将农村各项事业与城市改革发展的政策措施相贯通,在一定程度上填补了农村社会发展和政策措施的空白,从而更好地促进了城乡融合,推进了城乡发展一体化体制机制的建立,在化解城乡矛盾,防止城乡过度分化等方面产生了积极影响。

(二) 乡村振兴战略是深化农村制度改革的必然要求

党中央提出乡村振兴的重大战略是继续推进农村制度改革,深入挖掘农村剩余劳动力的必然要求,是全面建成小康社会的关键环节和实现农村发展的重要支撑。中国共产党从诞生之日起就与农村有着密切的联系。改革开放以来,我国社会生产力有了极大提高,农村的发展变化在各方面有了极大进步。经过一系列的农村体制机制改革,农村的生活和生产得到了明显改善。但是随着我国城市化进程的加快和农业生产力的持续发展,现行的农业生产经营体制在一定程度上并不再适合我国农村的发展,深化农村制度改革成为当今乡村振兴战略的必然要求。改革开放以后,我国农村地区的改革主要是建立了以家庭为单位的联产承包责任制。与以往相比,这一政策有了很大进步,促进了农业的生产,实现了农产品产量的极大增长。随着生产力的不断发展,家庭联产承包责任制也逐渐暴露了许多弊端,与我国社会主义现代化的农村政策不相适应。十八大以来,中央在农村实现了"三权"分置的农业制度,在坚持土地集体所有权的基础上,稳定农户承包权,放活土地经营权。这在一定程度上克服了家庭联产承包责任制的局限性,进一步促进了农村各项产业的融合发展。党的十九大报告提出,保持土地承包关系稳定长久不变，第二轮土地承包到期后再延长三十年。这一政策为解决农村人地矛盾提供了新的答案，也显示了党在深化农村体制机制改革、解决农民现实问题上的决心。农户自由支配土地的权利增加，土地流转更加自由和多元，并可以展开适度的规模经营，促进了农村地区产业形态的多样化发展和经营模式的创新，为农村经济注入了新的活力。

（三）乡村振兴战略是推动乡土文化繁荣的现实需要

乡土文化的存在是中国农村地区乃至整个农业文化经久不衰的思想支撑。随着城市化的不断演进以及农村人口的流失，乡土文化渐渐失去了传承寄托的现实基础，传统乡村出现了文化"失忆"。推动乡土文化继续发展，在新的时代展现出新的文化内涵，已经成为实施乡村振兴战略的现实需要。

一方面，乡村振兴战略是复兴乡土文化价值的需要。文化价值是衡量一种文化现象的重要标准，是文化自身内涵的深刻反映。如今中国的现代化建设使得乡土文化价值不断弱化，导致乡土文化内生驱动力不足。与过去不同，如今的乡村太过于"现实化"，纯粹的乡土文化再难寻觅。究其原因，老一辈农村人对乡土文化依然有着深厚的情感，但迫于社会发展的压力，只能将乡土文化价值进行商业开发；而农村中的青年，由于在外接受教育、工作等，与乡村生活日渐疏离，并不了解身边的乡土文化，造成了乡村文化观念的缺失。因此，乡村振兴战略的实施对于复兴乡土文化价值，延伸乡土文化的时代内涵，展现乡土文化魅力有着至关重要的作用。另一方面，乡村振兴战略是促进乡土文化转型升级的需要。乡土文化的生命就在于其多样性、特质性和原生性，这是我国农业和农村的根之所在，是流淌在中华民族血脉中宝贵的文化财富，既需要薪火相传，也需要与时俱进。乡村振兴战略的实施加速了乡土文化的转型升级，注重及时破除不合时宜的文化思想，有利于不断推陈出新，促进乡土文化的内部再生和外部转化。乡村振兴战略契合了乡土文化价值复兴和发展转型的需要，二者的结合为乡村的发展增添了更多的文化内涵。

（四）乡村振兴战略是提升农村地区基础教育水平的关键举措

基础教育问题一直是我国农村发展的薄弱环节。进入新时代，随着乡村振兴战略的实施，农村的基础教育事业也迎来了新的发展机遇。提升农村基础教育水平是乡村振兴战略的重要内容，对未来的农村发展具有重要意义。长期以来，由于我国农村生产力水平较低，导致农村地区的教育水平整体较低，大部分农村只有初中及以下的教育形式，高中阶段教育、高等教育等在我国农村地区几乎处于空白状态。再加之农村地区的基础教育方式、方法较为落后，导致农村学生纷纷向城市转移，农村教育形势更加不容乐观。乡村作为中国传统文化的发生地，需要教育的复兴，农村基础教育振兴的重任更加紧迫。

乡村振兴战略的实施为农村地区的基础教育注入了新的活力，在原有教育的基础上，进一步加大了农村地区基础教育的改革力度，破除了不适宜时代发展的各种教育体制机制障碍，因地制宜地引入了农村传统文化教育。在传播、传承农村传统文化的基础上，创新农村基础教育的发展理念，注重与新时期的农村价值、农村风貌相契合，强调农村基础教育的典型性。基础教育是初等教育，也是培养现代化创新人才的教育。中国未来的发展在广大农村地区有着广阔的空间，而农村的发展必须靠人才，办好农村的基础教育，就是在为农村未来的发展储备人才、增加后备力量、奠定后发优势。基础教育对学生的影响是深刻的、广泛的，从小培养学生爱农村、爱农业的思想品质，可以培养他们对农村的深厚感情，为农村发展建设强大的人才"宝库"。同时，乡村振兴战略在提高农村基础教育水平、拓展农村基础教育广度和深度，以及积极引导农村基础教育"走出去"等方面，也发挥了重要的指导作用，是对农村基础教育全方位、多角度的整体提升，为农村基础教育的现代化之路指明了方向。

（五）乡村振兴战略为其他国家提供了解决乡村问题的新方案

从世界范围来看，大部分国家的农村发展都要落后于城市，农村的衰落已经成为全球面临的普遍问题。尤其在城市化进程发展较快的发展中国家，农村的落后更加显著。随着大量人口涌向城市，农村人口逐渐减少，农村的发展失去了"人"这一根本动力，衰落难以避免。农村人口的流失导致严重的乡村问题，如农业生产减少、城市环境问题严重、农村日益凋敝等。然而，城市化、现代化发展必然会导致乡村问题的出现，乡村衰落也并非无计可施，乡村发展的美好未来关键在于政策的选择、道路的指引。

党的十九大提出的乡村振兴战略，体现了中国共产党敏锐的政治眼光和对世界形势的深刻洞察。这一战略的提出是党立足于中国农村现实，准确把握农村面临发展问题的治本之策。中央实施乡村振兴战略正是要从根本上改革农村的落后面貌，全力打造乡村治理的中国模式和创新标杆，结合中国实际探索乡村发展未来和农村经济新的增长方式，在坚持从中国农村实际出发的基础上，积极与世界其他国家交流农村发展的先进经验，同时积极输出中国典型模式和创新农村发展成果。通过乡村振兴战略的实施，中国与世界其他国家关于农村治理的联系日益紧密，在解决农村发展共性问题上不断提出新的解决措施，逐步扩大了中国的话语权，提升了我国在世界农业发展中的地位。中国的乡村振兴为其他农村发展落后的国家提供了新的解决方案，贡献了中国智慧。

四、乡村振兴的具体措施——现实归宿

实施乡村振兴战略是党推进农村现代化的"总引擎"，需要实实在在地落实。按照党中央的总要求，乡村振兴战略需要在多方面下功夫，综合考虑，辩证施策。加快推进乡村振兴战略的具体实践，是促进农村地区发展的现实归宿。

（一）继续推进农村社会化服务体系，实现农村的现代化平台建设

在完善农村农业生产服务体系方面，引进先进的农业生产技术，政府要加大对农村的相关投入，通过建立农村机械合作社等形式，普及农用高新技术的使用。

在农业种植技术方面，聘请农业专家开展讲座或实践指导，增加农民的专业知识，提高粮食生产种植技能。在创新农村产业化模式的同时，将连锁经营和个体规模化经营相结合，引入市场化的经营方式，组织进行农副产品的大型供需洽谈展览，将"走出去"与"引进来"相结合，推广产业化经营和企业化管理相结合的服务体系，拓宽服务的内容、对象和水平。推广治理土地的先进技术，特别是位于东部沿海地区农村的盐碱地治理等，开发海水稻新品种，为农业发展注入新活力。

在提高农村基础设施服务体系方面，全面收集和了解农民的要求和现实需求，围绕"便利生活、服务生产"的原则进行。在保障耕地的前提下，开辟村民休闲生活广场，充实村民的闲暇时间；成立农村文化艺术兴趣社，发扬农村乡土文化等；完善农村路网建设，解决村民出行难题；在农村建立

便利店以及现代物流中转站等，满足村民的购物需求；提高互联网建设，保证偏远农村地区的通讯需求等。

在农村的社会事业服务体系建设方面，促进教育、医疗、社会保障等均衡发展。教育方面，注重提高教育的基础设施和教师水平，提高乡村教师待遇等；在医疗方面，为乡村大学生学医开辟专属通道，重点鼓励农村医学生回乡就业，为特困农村地区配备专业医疗队伍；在农村养老事业方面，政府可以投入一定资金建立村级养老院，让一些年事已高，子女不在身边的老人也可以老有所依。乡村振兴战略在推进农村社会事业的发展上需要积极创新农业服务形式，推进以农民专业合作社为基础、供销合作社为依托、农村信用合作社为后盾的"三位一体"新型农业服务平台。

（二）将村民自治与法治、德治相结合，完善乡村综合治理的体制机制

完善乡村治理，法治化是重要保障。法律高于社会道德的伦理约束，拥有最高的社会效力。乡村治理的法治化进程是治理乡村的基本手段之一。具体应做到以下几方面：首先，要在农村加大法律法规的宣传力度，使法律观念和懂法用法的理念深入村民的思想意识，使乡村治理有法可依。其次，在社会治理方面，保证社会矛盾的公平解决和保证村民的利益不受侵犯。最后，在法律机制的表达与诉求方面，继续完善相关法律机制，在处理农村社会矛盾、降低农村社会不稳定因素方面继续发挥积极作用。

将德治融入法治是必要条件。道德自古以来就有约束人们行为的作用。在农村地区，道德的这一作用更加明显且广泛存在。法律的效力过于强制，大部分农民的法律意识较低，在不懂法而触犯法律后思想意识受到巨大打击。乡村治理需要法律的保障实施，更需要德治的引导和配合，只有将两者

有机结合，才能在乡村治理的实践中建立有序的公共秩序，改变乡村的社会面貌。因此，应将道德伦理融入法治的环境中，将两者有机结合，使法治的强制力与道德的民间约束力相得益彰，共同在乡村治理中完善发展，为乡村振兴的治理实践添砖加瓦。

（三）重视培养"一懂两爱"的先进农民，提升农民的整体素质和幸福感

努力培养懂农业的知识型农民，提升农民的整体素质。培养运用专业知识来进行农业生产的现代化农民，是农村改革的重要方面。近年来，我国农村人口流失严重，"地由谁来种"的问题已经提升到战略层面，对此，在培养新型农民方面，政府和乡镇企业要合理加大农村的职业教育和农业技术的专门培训的力度，将农民和教育逐步纳入国家实用型人才的培养计划；广大的高等院校，特别是农业院校要鼓励、引导毕业生到农村发展，投身农村建设，增强农民的整体素质，建立专业型、知识型的农民队伍。

加强对青年的"爱农村""爱农民"的"两爱"教育，增加整体幸福感。生长在农村的青年一代是我国农村建设的生力军，也是未来的农村建设者。首先，要加强对农村青年的归属教育，这是前提。农村的发展变化离不开广大农村青年的默默付出和辛勤耕耘。农村的发展与他们的前途命运息息相关，要引导广大农村青年学成回到农村创新创业，支持家乡建设，实现自己的人生价值。其次，要加强青年的农村情感教育。作为青年，最应该做到的就是爱家乡。要有意识地帮助青年发现农村的美好，将国家的惠农政策、农村福利等以宣讲等形式深入青年，提高青年一代的农村情怀。最后，要加强青年的农村创新创业教育。农村地区经济、科技等有待提升，可发挥空间巨大，潜在市场有待进一步挖掘。因此，使青年认识到农村创业的优势是关键

所在。此外，政府提供相关的优惠政策，也可以激发青年到农村创业的热情。

（四）践行绿色生态发展理念，建设现代化美丽乡村

把发展农村绿色生态产业作为建设美丽乡村的"总引擎"。保护生态环境、建设现代化美丽乡村，发展生态产业是关键。乡村振兴为农村的发展指明了新的方向，赋予了农村产业"绿色"的内涵，发展农村生态产业是践行绿色生态理念的重要抓手，也是乡村振兴战略的应有之义。一方面，在农村大力推进绿色种植与生态经营，鼓励农户主动应对市场挑战，将"无公害、零残留、生态有机"的农产品积极推向市场，突破小农经营、作坊式生产的旧模式，创新绿色经营方式。另一方面，积极发挥政府作用，克服仅仅依靠市场驱动农业生态化转变的单一性，不断加强市场调控，提升绿色农业的占有率，推广生态有机的农产品。政府要重点将绿色生态要素融入农业产业化发展的核心，提出农业发展的衡量指标，把可持续发展、生态环保、绿色有机等作为美丽乡村的经济发展目标，促进生态产业发展壮大。

把建设美丽、和谐农村作为"先手棋"，整合农村资源，科学布局，整体规划。农村面积广大，各具特点，在乡村振兴战略实施过程中，要注重"美丽乡村"建设，融入绿色、科学的理念，同时注重将地形地貌与多样化的农村生态现状相结合，把乡村多功能定位与立体化产业规划相衔接，有针对性地对乡村的科学发展进行理论与实践探索。在此基础上，进一步优化和改善乡村整体风貌，在满足人居环境要求的前提下，挖掘农村历史文化和民族特色，推进农村的文化事业进步，使绿色、生态、文明、宜居等成为现代化农村建设的重要标准；打造示范性标杆村，重点建设、集中发力，发挥引领性、创新性的示范作用；发展农村新型生态产业，建立生态循环的农业发展基地，利用新媒体、"互联网+"等，创建线上参观与宣传，线下深入体验的农村

绿色生态旅游，推进农村生态发展。

（五）注重解决农业供需矛盾，推进农业供给侧结构性改革

乡村振兴战略提出了我国农村发展的新要求，指明了农村发展的新方向。进入新时代，我国经济增速逐渐放缓，产业结构升级调整步伐加快，这一变化使得农村面临农业供需矛盾的局面。破解农业供需矛盾，推进农业供给侧结构性改革，是进一步推进乡村振兴战略的关键所在。

一方面，解决农业供需矛盾需要以市场为导向，以政府的调控为助力，掌握供需市场的"前端"概况，从而有效地调解农业生产产能；同时，保护农民的生产积极性，实行收紧的农业生产政策，加强现有耕地的维护和再建设，注重粮食生产的安全性和可靠性，在维持现有粮食产能的基础上增加相关的政策供给。另一方面，要推进农业供给侧结构性改革。农业经营主体是农村经济发展的主要动力，因此，一是，要从扩大农业经营主体着手，从单一的农户模式通过资金、科技、政策等的投入，大力培育农民专业合作社，实行联合种养等，实现农业产业的规模化效益，发展多种经营主体；二是，发展农业科技，创新农村管理、农产品种养殖的科学性，促进生产手段和方式方法的现代化，提高科技在农业生产中的贡献率。

第二节　乡村振兴战略的现实逻辑

乡村振兴战略的提出开启了我国"三农"工作的新征程，顺应了我国历史潮流的变化和发展任务的升级，在推进中国特色社会主义事业发展伟大进程中具有十分重要的作用。这一战略的现实逻辑是：立足于对中国现阶段社会主要矛盾准确判断基础上的战略部署，以增强农民的获得感、幸福感和安全感为价值追求，是推动我国社会主义现代化强国建设进程的战略设计。

一、乡村振兴战略是立足于对中国现阶段社会主要矛盾准确判断基础上的战略部署

当前，我国社会的主要矛盾已经转化为"人民日益增长的美好生活需要和不平衡不充分的发展之间的矛盾"，这种发展的不平衡与不充分不仅表现在我国经济社会发展的宏观层面，也表现在微观层面上。就宏观层面来说，这种发展的不平衡状态最主要体现在城市与农村之间的不平衡。从微观层面来看，这种发展的不充分主要体现在农业现代化进程相对滞后，农业农村的发展充满着复杂性、艰巨性和挑战性，依然是我国经济社会发展整体版图中的短板。只有补齐这一块经济社会发展的短板，才能释放更大的潜力，为我国现代化建设提供强大的支撑。

2018 年发布了《中共中央国务院关于实施乡村振兴战略的意见》，指出乡村振兴战略是解决新时期我国社会主要矛盾的必然要求。这表明在解决当前我国社会主要矛盾的实践中，乡村振兴战略具有重要的作用，紧扣住了我国社会主要矛盾的结构特征。实施乡村振兴战略，是为了以乡村发展推动我国社会主要矛盾的内在结构性转变，从而达到农村与城市的均衡发展，使农业产业发展程度更充分。

乡村振兴战略以"农业农村优先发展"为总方针，以"农业农村现代化"为总目标，强调从推进"城乡一体化发展"向坚持"农业农村优先发展"的转变，从推进"农业现代化"向推进"农业农村现代化"的转变，致力于打

造中国经济社会发展格局更加平衡充分的状态，从而使我国社会主要矛盾在乡村发展实践中得到平稳有效的解决。

农村发展得不充分是城市与乡村之间发展不平衡的内在原因之一。随着经济、社会的整体发展，这种不充分积累到一定程度，必然表现为城市和乡村发展的不平衡。因此，解决城乡发展不平衡的问题，必须解决农村发展不充分的问题。乡村振兴战略坚持"城乡融合发展"的原则，优先考虑农村在人才支撑、要素满足、资金支持、公共服务上的需求，着力破解城乡发展不平衡、不协调的矛盾。比如，在教育问题上，"推动建立以城带乡、整体推进、城乡一体、均衡发展的义务教育发展机制"；在就业问题上，建立"健全覆盖城乡的公共就业服务体系"；在医疗问题上，"建立健全统一的城乡居民基本医疗保险制度，同步整合城乡居民大病保险"；在公共文化上，"深入推进文化惠民，公共文化资源要重点向乡村倾斜"；在人才配备上，注重对农民的产业教育，加强农民的职业能力，使农民更加适应现代农业发展对劳动力的技能要求；同时，引导高校专业人员进农村，为现代农业发展注入新鲜血液，改善农村社会的智力结构，畅通智力、技术、管理下乡的通道；在基础设施上，"继续把基础设施建设重点放在农村……推动城乡基础设施互联互通"；在融资渠道上，"建立健全实施乡村振兴战略财政投入保障制度"，加大对农村地区的公共财政投入比例，更加注重对农村的倾斜力度，使农村公共财政投入量能够支撑乡村振兴的各项任务开展；在组织领导上，明确指出"各级党委和政府要坚持工业农业一起抓、城市农村一起抓，把农业农村优先发展原则体现到各个方面"等。另外，从"统筹"城乡发展到城乡"融合"发展，不仅仅是用词的变化，更是重塑城乡关系、促进农村全面进步的新路径和新要求，是对乡村振兴格局的全新构建。乡村振兴战略以推进体制机制创新为核心，致力于从打破城乡二元社会结构，对旧的体制机制进行改革创新，使得农村在与城市实现共享发展的同时获得更多的制度保障，从而强化乡村振兴的制度性供给。

在解决"农业发展不充分"问题上，乡村振兴战略以建设现代化经济体系为牵引，按照产业兴旺的要求，在农业发展的质量、效益、动力方面进行改革。其主要内容是以农业供给侧结构性改革为主线，推动农业生产方式不断完善，在生产方式层面上带动农业生产力的进一步解放，使生产力由内而外得到充分释放，变革农业生产组织形式，推动我国由农业大国向农业强国的转变。《中共中央国务院关于实施乡村振兴战略的意见》指出，要"实施新型农业经营主体培育工程……发展多种形式适度规模经营"，要实施质量兴农战略，推动农业由增产导向转向提质导向，要着力构建农村一二三产业融合发展体系，"大力开发农业多种功能、延长产业链、提升价值链、完善利益链"等；《中共中央国务院关于坚持农业农村优先发展做好"三农"工作的若干意见》指出，要加快发展乡村特色产业，充分挖掘本地区的产业优势，做大做强本地品牌，提高附加值，延长产业链，把没有得到充分发展的要素激活起来，释放农村发展的强大后劲。

解决城乡发展不平衡和农业农村发展不充分问题，推进"农业农村优先发展"和"农业农村现代化"，是实施乡村振兴战略的主要任务。可以说，乡村振兴战略是立足于对中国现阶段社会主要矛盾准确判断基础上的战略部署，是解决当前我国社会主要矛盾的具体实践。

二、乡村振兴战略以增强农民的获得感、幸福感和安全感为价值追求

实施乡村振兴战略不是纯粹的经济工作方法，而是立足于新时期农民对美好生活的现实需求，以增强农民的获得感、幸福感和安全感为价值追求而做出的有温度的战略设计。

2017年，中央农村工作会议明确指出："农业强不强、农村美不美、农民富不富，决定着亿万农民的获得感和幸福感，决定着我国全面小康社会的成色和社会主义现代化的质量。"将农业强、农村美、农民富与农民的获得感和幸福感挂钩，与建成"全面小康社会的成色和社会主义现代化的质量"挂钩。2018年，《中共中央国务院关于实施乡村振兴战略的意见》提出，乡村振兴要"不断提升农民的获得感、幸福感、安全感"，这充分体现了"为了农民，依靠农民，发展成果由农民共享"，回答了乡村振兴"为谁出发，出发为了谁"的基本问题。在与农民生活联系十分密切的民生保障方面，乡村振兴战略强调"围绕农民群众最关心最直接最现实的利益问题，一件事情接着一件事情办，一年接着一年干"，要求按照计划实现贫困农村地区的全面脱贫。此外，农村面貌的改善也直接关系着农民的生活质量，关系着农民的幸福感和安全感。在这一问题上，乡村振兴战略明确要抓好农村人居环境整治，打赢厕所革命战，净化农村社会环境，努力让农民生活得更加舒适、更有尊严。

农民的获得感、幸福感和安全感不是一成不变的，随着经济社会的发展，必然也会有"质"和"量"上的提升，农民不仅仅关注自己的"一亩三分田"，更加关注乡村社会系统的整体发展，也更加关注乡村发展与个人发展之间

的关系，因此，乡村振兴战略明确提出"坚持乡村全面振兴"的基本原则，努力实现乡村经济、政治、文化、社会、生态、组织等方面的全面提升。乡村振兴战略紧扣当代农民在各方面的现实需求，统筹乡村社会系统，围绕着农民在经济、政治、文化、社会、生态中的现实诉求和美好愿景，努力实现战略"总要求"的内涵提升。比如，"产业兴旺"是农民想要的农业模样，这有助于增强农民从事农业生产的信心和动力；"生态宜居"是农民憧憬的人居环境，这回应着农民享受青山绿水、留住乡愁的情怀；"乡风文明"是农民想要的乡风建设，契合着农民追求更有品位、更加高雅的生活情趣；"治理有效"是农民希望看到的，补足了农民追求生活上的安全感；"生活富裕"是农民最想要过的生活，满足了农民追求美好生活的愿望。由此可见，乡村振兴战略以增强农民的获得感、幸福感和安全感为出发点，体现着党的初心和追求，更是对以人民为中心的发展思想的生动诠释。

三、乡村振兴战略是推动我国社会主义现代化强国建设进程的战略设计

如何在新时代中国特色社会主义与社会主义初级阶段现实国情以及我国奋斗目标三者之间的关系中找准战略定位，做好战略设计，关系着我国社会主义现代化强国建设的进程。2017 年中央农村工作会议指出："如期实现第一个百年奋斗目标并向第二个百年奋斗目标迈进，最艰巨最繁重的任务在农村，最广泛最深厚的基础在农村，最大的潜力和后劲也在农村。"因此，乡村振兴战略在有效推动我国社会主义现代化建设向纵深发展方面，具有关键性的作用。

首先，乡村振兴战略注重长远规划，在牢牢把握社会主义初级阶段的现实国情和努力实现社会主义现代化强国的奋斗目标之间，具有承上启下的作用，在战略安排上与国家整体战略具有协同性。2018 年，《中共中央国务院关于实施乡村振兴战略的意见》明确提出了实施乡村振兴战略的三个时刻表，分别为"到 2020 年，乡村振兴取得重要进展，制度框架和政策体系基本形成……各地区各部门乡村振兴的思路举措得以确立，全面建成小康社会的目标如期实现。""到 2035 年，乡村振兴取得决定性进展。""到 2050 年，乡村全面振兴，农业强、农村美、农民富全面实现。"这与分两个阶段实现我国社会主义现代化强国建设目标的时间安排是完全契合的。因此，乡村振兴战略每一阶段任务的完成，必将促进我国社会主义现代化建设稳步前进。

其次，乡村振兴战略强调"抓重点，补短板，强基础"，是以农业农村现代化为目标的系统战略设计。没有农业农村的现代化，就没有国家的现代化。乡村振兴战略从我国社会主义建设发展的长远角度来审视现阶段的"三农"工作，在国家发展的宏观层面对"三农"进行定位，以当下我国农村问题的解决为基点，规划的是农业农村在我国现代化格局中的未来发展走向。因此，乡村振兴不是短期工程，而是影响中华民族伟大复兴进程的长期工程。在党的十九大会议上，乡村振兴战略首次被纳入全面建成小康社会七大战略之中，体现出它在推进我国社会主义初级阶段向纵深发展进程中的重要地位。

最后，乡村振兴战略是对马克思主义经典作家关于消灭"三大差别"理论的实践。"三大差别"的彻底消灭是共产主义社会的题中应有之义。中国特色社会主义的发展必然要向共产主义社会方向前进，所以，在发展中国特色社会主义事业的层面来说，消灭"三大差别"始终是现阶段我国经济社会发展必须注重和考虑的问题之一。改革开放以来，我国经济社会发展从整体上来看取得了历史性的成就，但由于多种因素的影响，特别是市场经济内在利益分配机制的作用，城乡之间、工业农业之间的差距不容忽视，这个城乡、工农二元结构是与"人民日益增长的美好生活需要和不平衡不充分的发展之间的矛盾"紧密结合在一起的。而乡村振兴战略的实施，是以乡村社会系统的全面振兴为引领，是包括农业、农村、农民"三位一体"的全面振兴。这种振兴是以实现现代化为目标的更大发展。按照乡村振兴战略的规划，从2020年到2050年，我们将用三十年的时间完成在社会主义初级阶段国情下中国乡村的全面现代化，这一进程是城乡之间、工农之间的差别将越来越小的过程，是城乡融合、工农互补逐步实现的过程，也是实践马克思主义关于消灭"三大差别"理论的过程。

第三节　乡村振兴战略的时代意义

党的十九大把乡村振兴战略作为国家战略提到党和政府工作的重要议事日程上来，并对具体的振兴乡村行动明确了目标任务，提出了具体工作要求。中国过去是一个典型的农业国，中国社会是一个乡土社会，中国文化的本质是乡土文化。故而，振兴乡村显得尤为重要。对于坚持五大发展理念，建设社会主义现代化强国，实现中华民族伟大复兴，中国梦具有十分重大的现实意义和深远的历史意义。

党的十九大是我党历史上一次具有重要战略意义的重要会议，会议的一项重要成果便是将习近平新时代中国特色社会主义思想写入党章，与马克思列宁主义、毛泽东思想、邓小平理论、"三个代表"重要思想、科学发展观，共同列为党的指导思想和行动指南。习近平新时代中国特色社会主义思想，是马克思主义与中国实际相结合的创新成果，是当代马克思主义的科学阐述，是中国特色社会主义理论体系中承前启后的伟大理论贡献，是今后较长时期党的政治纲领和各族人民的行动指南，是实现中华民族伟大复兴的重要思想武器。新的思想，凝结着全党智慧的结晶，必然有丰富的创新理论支撑和科学严谨的思想体系；新的思想，必然提出解决中国现实和未来的宏观性、战略性、全局性、前瞻性的重大问题的总体战略，而乡村振兴战略正是其中十分重要的内容。

一、乡村振兴战略提出的背景

"振兴"与"衰落"是一对反义词。人类文明史上，乡村的"兴"和"衰"是一对矛盾，有兴则有衰，"衰"与"兴"有时又互为转化。城市化和工业化是乡村衰落的诱因，如何吸取和借鉴人类文明史上的经验教训，使城乡发展能够优势互补、互为促进，这是值得我们思考的。

从人类文明史上来看，乡村衰落是一个世界性的问题，是城市化和工业化驱动的必然结果。英国工业革命，推动了人类文明的巨大进步，也带来了英国自身的高速发展，但却是以牺牲广大农民利益为代价的。英国在 17 世纪进入了世界强国之列，成为"日不落帝国"，殖民地的迅猛扩张，使英国的羊毛生产和纺织品生产获得了巨大市场空间。殖民统治者为满足新市场需要而强迫广大农民破产，农田变成牧场，农民被迫转化为工人。这便是被史学家们称为"羊吃人"的英国工业发展之路，同时也是英国农村衰落的根本动因。拉丁美洲国家独立后，城市化速度明显超过工业化速度，有的国家甚至还走上了无工业化的城市化之路。政府放弃了乡村建设，农民自己也抛弃了乡村家园。大量农民涌入城市，导致城市人口过度增长，城市建设步伐滞后于人口的增长速度，不能为居民提供充足的就业机会和必要的生活条件，使得农村人口迁移到城市之后，没有实现相应的实质性转变，带来严重的"城市病"。除殖民时代建筑的城市中心区域为富人所拥有外，大量贫民则居住在城市周边的"贫民窟"。这些"贫民窟"成了脏、乱、差和"犯罪"的代名词。政府和农民都抛弃了乡村，致使乡村严重衰落、破败。

20世纪90年代以来，中国农村经历了一场激烈的变化，尤其是西部地区，乡村衰落是一个不争的客观事实。改革开放使我们获得了巨大的物质财富，创造了人间奇迹，同时也改变了中国的社会结构和自然风貌。大量农民工进城，城乡人口流动带来了许多变化，青壮年劳动力向城市建设市场的流动，改变着中国社会的结构。

二、作为国家战略的乡村振兴战略

党的十九大报告把乡村振兴战略与科教兴国战略、人才强国战略、创新驱动发展战略、区域协调发展战略、可持续发展战略、军民融合发展战略并列为党和国家未来发展的"七大战略"，足见对其的高度重视。作为国家战略，它是关系全局性、长远性、前瞻性的国家总布局，它是国家发展的核心和关键问题。乡村振兴关系到我国是否能从根本上解决城乡差别、乡村发展不平衡、不充分的问题，也关系到中国整体发展是否均衡，是否能实现城乡统筹、农业一体的可持续发展的问题。为此，党的十九大报告对乡村振兴战略提出了明确的发展思路、目标任务和具体措施。

党的十九大报告再次重申我党农业农村工作的指导方针，特别强调农业、农村、农民"三农"问题始终是全党工作的重中之重。多年来，中央一以贯之地坚持"三农"优先，每年的中央发布的第一份文件，基本都是有关"三农"问题的内容，这基本成为一种惯例。自十八大以来，坚持"三农"优先，在许多政策倾斜、支持力度方面显得更加突出。2016 年 11 月中央扶贫开发工作会议强调：消除贫困，改善民生，逐步实现全体人民共同富裕，是社会主义的本质要求，是我们党的重要使命。全面建成小康社会，是我们对全国人民的庄严承诺。脱贫攻坚战的冲锋号已经吹响，我们要立下愚公移山的志向，咬定目标，苦干实干，坚决打赢扶贫攻坚战。

乡村振兴战略提出了总体要求，就是坚持农业农村优先发展，按照产业兴旺、生态宜居、乡风文明、治理有效、生活富裕的总要求，建立健全城乡融合发展体制机制和政策体系，加快推进农业农村现代化。乡村的发展必然要有兴旺发达的产业支撑，只有在乡村实现因地制宜、突出特点、发挥优势，形成既有市场竞争力又能可持续发展的现代农业产业体系，乡村才能有活力，经济才能大发展；要在乡村振兴战略实施过程中，充分科学合理地利用自然山水资源，有效保护生态环境，祛除乡村生活陋习，治理美化乡村生活环境，真正使乡村成为生态宜居的美丽乡村；要弘扬乡土气息的优秀传统文化，树立社会主义核心价值观的新风尚，使整个乡村社会互助发展，乡邻和睦，乡风文明。乡村治理是社会治理的基础，要坚持法治、德治、村民自治相结合的治理结构，让村民牢固树立法治意识，做遵纪守法的好公民；要弘扬和传承优良的传统道德观，把尊老爱幼、济贫扶弱、维护公益作为道德标准去衡量每一个村民的言行举止；要把乡规民约、村民自治整合起来，在保障宪法和法律实施的基础上，形成治理有序的规范体系。只有有效地提高人民生活水平，实现人民对美好生活的向往，才是实施乡村振兴的出发点和归宿。

为了有效实施乡村振兴战略，在制度和体制机制上切实保证政策的延续性，真正保障广大村民的利益，党的十九大报告对农村基本经营制度进行了明确规定。党的十九大报告指出：巩固和完善农村基本经营制度，深化农村土地制度改革，完善承包"三权"分置制度，保持土地承包关系稳定并长久不变，第二轮土地承包到期后再延长三十年。我们一般界定第一轮土地承包为1978年开始到1998年结束，第二轮为1998～2028年，到期后再延长三十年，那就是2058年。这项改革政策让农民吃了定心丸，使农民能够真正成为土地的主人，从而解除政策多变的后顾之忧。同时，在体制机制上创新，强调深化农村集体产权制度改革，保障农民的财产权益，壮大集体经济，以增强农村党的建设的实力与活力。在生产方式上，强调构建现代农业产业体系、生产体系和经营体系。完善农业支持保护制度，发展多种形式的适度规模经营，培育新型农业经营主体，健全农业社会化服务体系，实现小农户和现代农业发展有机衔接，进而促进农村第一、第二、第三产业融合发展，支持和鼓励农民就业创业，拓宽增收渠道，从根本上将传统农业纳入现代农业的体系之中，变自给自足的小农业为市场化、商品化的大农业。

为了切实保障乡村振兴战略的顺利实施，党的十九大报告特别强调了要培育和造就一批懂农业、爱农村、爱农民的"三农"工作队伍。懂农业，就是要在社会主义市场经济的背景下，深刻理解和把握现代农业的发展规律，真正理解和有效发挥市场在资源配置中的决定作用，敢为农业发展的开路先锋，而不是教条主义、形式主义、空想主义和保守主义的代言人，到农村瞎指挥、乱决策、祸害农民。爱农村，就是要让我们广大涉农机关工作人员和基层干部，真正从思想上、行动上去关注农村，深刻认识到中国本质是一个农业大国，认识到农业兴则国家稳、农业旺则国家强的道理。把农业这个国民经济的基础打牢，是相关涉农机关工作人员的基本职责。爱农民，就是要求各级领导干部和广大农村基层干部，要真正培育对农民的浓浓情感，要真心实意地关心、关爱农民的生产生活，要发自内心地尊重农民。只有建立起这样一支懂农业、爱农村、爱农民的"三农"工作队伍，党和国家制定的乡村振兴战略才可能得到有效实施，才能达到和实现"产业兴旺、生态宜居、乡风文明、治理有效、生活富裕"的总要求。

三、党和国家为振兴乡村采取的措施

当前，中国正处于快速工业化和城镇化的进程中。如何处理好城乡一体，避免其他国家城市化进程中所走过的弯路，走出中国特色社会主义的城镇化之路？近年来，党和政府采取了一系列措施，进行了有益的探索，如提出城乡统筹、城乡一体化发展、新农村建设、美丽乡村建设、特色小镇建设等。党的十九大报告提出的乡村振兴战略，正是这一系列探索的集大成。

习近平新时代中国特色社会主义思想中饱含了"乡村振兴"的诸多思想。简单梳理，大致有以下主要思想：

一是"两山理论"的提出。2005 年 8 月 15 日，时任浙江省委书记的习近平同志在安吉县余村调研时提出："我们过去讲既要绿水青山，又要金山银山。其实，绿水青山就是金山银山。"这便是如何正确处理生态保护与发展经济相互关系的著名的"两山理论"。

二是"记住乡愁"的呼唤。2013 年 12 月 12～13 日，中央城镇化工作会议在北京召开，习近平总书记到会并发表重要讲话，他指出："要依托现有山水脉络等独特风光，让城市融入大自然，让居民望得见山、看得见水、记得住乡愁。"同时，还指出："要注意保留村庄原始风貌，慎砍树、不填湖、少拆房，尽可能在原有村庄形态上改善居民生活条件；要传承文化，发展有历史记忆、地域特色、民族特点的美丽城镇。"

三是明确"新农村建设原则"。2015年1月，习近平总书记在云南考察时强调："新农村建设一定要走符合农村实际的路子，遵循乡村自身发展规律，充分体现农村特点，注意乡土味道，保留乡村风貌，留得住青山绿水，记得住乡愁。"

四是寻找脱贫攻坚的新路子——大力发展乡村旅游。2017年10月19日，习近平总书记参加党的十九大贵州省代表团讨论时指出："脱贫攻坚，发展乡村旅游是一个重要渠道。要抓住乡村旅游兴起的时机，把资源变资产，实践好绿水青山就是金山银山的理念。同时，要对乡村旅游做分析和预测。如果趋于饱和，要提前采取措施，推动乡村旅游可持续发展。"

五是要把厕所革命这项工作作为乡村振兴战略的一项具体工作来推进。2017年11月，习近平总书记就旅游系统推进"厕所革命"工作取得的成效作出重要指示。他强调："两年多来，旅游系统坚持不懈推进'厕所革命'，体现了真抓实干、努力解决实际问题的工作态度和作风。旅游业是新兴产业，方兴未艾，要像抓'厕所革命'一样，不断加强各类软硬件建设，推动旅游业大发展。"他还指出："厕所问题不是小事情，是城乡文明建设的重要方面，不但景区、城市要抓，农村也要抓，要把这项工作作为乡村振兴战略的一项具体工作来推进，努力补齐这块影响群众生活品质的短板。"

乡村振兴战略的实施是一个不断积累、不断丰富的过程。在国家行政管理和具体执行层面，采取了一系列具体措施。

一是大力推进"美丽乡村"建设。2005年10月，党的十六届五中全会提出建设社会主义新农村的重大历史任务，提出"生产发展、生活宽裕、乡风文明、村容整洁、管理民主"的具体要求。

二是社会主义新农村建设。2007年10月，党的十七大报告提出"要统筹城乡发展，推进社会主义新农村建设"。在社会主义新农村建设的总体要求下，2008年浙江安吉县正式提出"中国美丽乡村"计划，出台《建设"中国美丽乡村"行动纲要》。

三是特色小镇建设。2016年2月，《国务院关于深入推进新型城镇化建设的若干意见》（国发〔2016〕8号）明确提出：充分发挥市场主体作用，推动小城镇发展与疏解大城市中心城区功能相结合、与特色产业发展相结合、与服务"三农"相结合。发展具有特色优势的休闲旅游、商贸物流、信息产业、先进制造、民俗文化传承、科技教育等魅力小镇。此后，住建部、国家发改委、财政部等中央部委出台系列文件对特色小镇建设提出了许多指导性意见和工作要求。

四是大力推进"田园综合体"试点工作。2017年2月5日，《中共中央国务院关于深入推进农业供给侧结构性改革加快培育农业农村发展新动能的若干意见》中指出：支持有条件的乡村建设以农民合作社为主要载体、让农民充分参与和受益，集循环农业、创意农业、农事体验于一体的田园综合体，通过农业综合开发、农村综合改革转移支付等渠道开展试点示范。2017年6月5日，财政部下发《关于开展田园综合体建设试点工作的通知》，决定在河北、山西、内蒙古、江苏、浙江、福建、江西、山东、河南、湖南、广东、广西、海南、重庆、四川、云南、陕西、甘肃18个省份开展试点工作。每个试点省份安排1个试点项目，每个项目按三年规划，共安排中央财政资金 1.5 亿元,地方财政资金按 50%投入,三年共投入 2.25 亿元,最终实现"村庄美、产业兴、农民富、环境优"的目标。

四、实施乡村振兴战略的伟大意义

第一,实施乡村振兴战略的本质是回归并超越乡土中国。中国本质上是一个农业国。农业国文化的根基就在于乡土,而村落则是乡土文化的重要载体。振兴乡村的本质,便是回归乡土中国,同时在现代化和全球化背景下超越乡土中国。

第二,实施乡村振兴战略,本身是对近代以来充满爱国情怀的仁人志士理想的再实践、再创造。20 世纪 30 年代,兴起了由晏阳初、梁漱溟、卢作孚等人为代表发起的"乡村建设运动"。诚如梁漱溟所言,"乡村建设运动"是由于近些年来的乡村破坏而激起来的救济乡村运动。梁漱溟的乡村建设方案是:把乡村组织起来,建立乡农学校作为政教合一的机关;向农民进行安分守法的伦理道德教育,达到社会安定的目的;组织乡村自卫团体,以维护治安;在经济上组织农业合作社,以谋取乡村的发达,即"乡村文明""乡村都市化",并达到全国乡村运动的大联合,以期改造中国。晏阳初是另一位"乡村建设"重要理论和实践的倡导者。晏阳初发起并组织了一批志同道合的知识分子,率领 "博士下乡",到河北定县农村安家落户,在乡村推行平民教育,以启发民智来实现他的"乡村建设"理想。他提出以文艺教育治愚,以生计教育治穷,以卫生教育治弱,以公民教育治乱,以此达到政治、经济、文化、自卫、卫生、礼俗"六大建设"。另一位"乡村建设运动"的倡导者便是卢作孚,他是一个实业家,认为中国乡村衰败的根本在于乡村缺乏实业做支撑。于是,他在重庆北碚开展了一系列的实业救乡村的活动,在那里修建铁路、治理河滩、疏浚河道、开发矿业、兴建工厂、发展贸易、组织科技服务，进而探索以经济发展来推动乡村建设的道路。

虽然他们的实践因抗战而中断，但是他们提出的发展乡村教育以开民智，发展实业以振兴乡村经济，弘扬传统文化以建立乡村治理体系等思想，无疑是十分有益的尝试，对于我们今天实施乡村振兴战略仍然有着启示作用。

第三，实施乡村振兴战略，核心是从根本上解决"三农"问题。中央制定乡村振兴战略，是要从根本上解决目前我国农业不发达、农村不兴旺、农民不富裕的"三农"问题。通过牢固树立创新、协调、绿色、开放、共享"五大"发展理念，达到生产、生活、生态的"三生"协调，促进农业、加工业、现代服务业的"三业"融合发展，真正实现农业发展、农村变样、农民受惠，最终建成"看得见山、望得见水、记得住乡愁、留得住人"的美丽乡村、美丽中国。

第四，实施乡村振兴战略，有利于弘扬中华优秀传统文化。中国文化本质上是乡土文化，中华文化的根脉在乡村，我们常说乡土、乡景、乡情、乡音、乡邻、乡德等构成中国乡土文化，也使其成为中华优秀传统文化的基本内核。实施乡村振兴战略，也就是重构中国乡土文化的重大举措，也就是弘扬中华优秀传统文化的重大战略。

第五，实施乡村振兴战略，是把中国人的饭碗牢牢端在自己手中的有力抓手。中国是个人口大国，民以食为天，粮食安全历来是国家安全的根本。要确保国家粮食安全，把中国人的饭碗牢牢端在自己手中，就是要让粮食生产这一农业生产的核心成为重中之重。乡村振兴战略就是要使农业大发展、粮食大丰收；要强化科技农业、生态农业、智慧农业，确保18亿亩耕地红线不被突破，从根本上解决中国粮食安全问题，而不会受国际粮食市场的左右和支配，从而把中国人的饭碗牢牢端在自己手中。

党的十九大报告把乡村振兴战略作为党和国家的重大战略，这是基于我国社会现阶段发展的实际需要而确定的，是符合我国全面实现小康，迈向社会主义现代化强国的需要而明确的，是中国特色社会主义建设进入新时代的客观要求。乡村不发展，中国就不可能真正发展；乡村社会不实现小康，中国社会就不可能全面实现小康；乡土文化得不到重构与弘扬，中华优秀传统文化就不可能得到真正的弘扬。所以，振兴乡村对振兴中华、实现中华民族伟大复兴的中国梦都有着重要的意义。

第四节　乡村振兴战略的哲学意蕴

党的十九大报告首次提出实施乡村振兴战略，是习近平新时代中国特色社会主义思想在"三农"领域的集中体现，是创造性运用和发展马克思主义哲学的智慧结晶，是推进"三农"建设的思想纲领和行动指南。乡村振兴战略蕴含着丰富的哲学意蕴，即普遍性与特殊性相统一、物质与精神相统一、两点论与重点论相统一、实践与理论相统一、外因与内因相统一。乡村振兴战略是中国共产党人在中国特色社会主义进入新时代的集体智慧的结晶，是习近平新时代中国特色社会主义思想的重要组成部分。

一、普遍性与特殊性相统一的哲学意蕴

矛盾的普遍性和特殊性，即矛盾的共性和个性。任何事物都是个性与共

性的统一，二者相互联系、相互影响。乡村振兴既是农村地区面临的重要问题，也是事关国家国计民生和前途命运的根本问题，是关系到"两个一百年"奋斗目标能否如期实现的重要时代课题。因此，正确处理好乡村振兴战略的普遍性和特殊性的问题，对于走中国特色社会主义乡村振兴道路具有重要的时代意义。十八大以来，党中央把解决"三农"问题摆在重要地位，但是乡村振兴绝非易事，乡村振兴与社会发展的各个方面相互联系、相互作用，需要破除各种利益的藩篱，需要统筹各个方面的关系。这就要求党中央制定好解决"三农"问题的顶层设计方案，规划整体的实施方案。2018年印发《中共中央国务院关于实施乡村振兴战略的意见》，明确实施乡村振兴战略的总体要求、指导思想、目标任务和基本原则，"统筹谋划农村经济建设、政治建设、文化建设、社会建设、生态文明建设和党的建设，注重协同性、关联性，整体部署，协调推进"，对乡村振兴战略的实施提出更为具体、详细的指导思想和行动指南。同时，乡村振兴战略不仅是国家的整体战略，也是事关不同地区农业、农村和农民的发展问题，因此要"科学把握乡村差异和发展走势分化特征，做好顶层设计，注重规划先行、突出重点、分类施策、典型引路"，充分挖掘乡村自身的功能和价值，切勿把城市治理的思路和逻辑机械地移植到农村，忽视农村建设和发展的特点，破坏原有的农村发展体系和社会网络体系。这些论述都说明了实施乡村振兴战略要从实际出发，注重普遍性和特殊性相结合的原则，正确处理二者之间的关系。一方面，切合实际地把握乡村振兴的普遍性原则，统筹全局，从整体出发制定乡村振兴的顶层设计规划；另一方面，注重把握特殊性的原则，坚持用因地制宜、循序渐进的方式推进乡村振兴战略，量力而为、量力而行，不搞"一刀切"，有针对性地解决不同地区乡村发展所遇到的问题。

二、物质与精神相统一的哲学意蕴

追求物质文明和精神文明是社会进步的内在驱动力，进入新时代以来，人民日益增长的美好生活需要和不平衡不充分的发展之间的矛盾成为新时代我国社会的主要矛盾，农村地区发展不平衡不充分问题尤为突出。这种不平衡不充分既体现在生产力发展水平方面，也体现在政治、文化、生态、社会治理等领域。因此，乡村振兴战略不仅要体现在物质上，也要体现在精神文化上。既要通过提高生产力发展水平，不断满足人民群众对日益增长的美好生活的需求，也要坚持物质文明和精神文明一起抓。在满足物质需求的同时，丰富农民的文化生活，提升农民的精神风貌，补足农民在精神文化方面的需求。

历史唯物主义告诉我们，生产力是一切社会发展的最终决定力量，实现中国特色社会主义的乡村振兴之路，关键是要推动生产力的发展，因此，党中央强调乡村振兴战略以产业兴旺为重点，以加快农业供给侧结构性改革为主线，夯实农业生产能力基础，实施质量兴农战略，推动农业由增产导向转向提质导向，提高第一、第二、第三产业的融合力度，构建现代化的农业体系。围绕农民群众最关心最直接最现实的教育事业、基础设施、社保体系、健康社会等问题，通过一系列实实在在的农业发展政策的实施，不断满足农民群众的物质需求，加快推进城乡一体化进程。农业生产力发展水平的提高，必将为推动精神文明建设提供更为坚实的基础和保障，因此，在满足物质需求的同时，更要补足精神需求的短板。乡村振兴，乡风文明是保障。在乡村精神文明建设过程中，要注重加强农村思想道德建设和公民道德建设，以社会主义核心价值观为引领，将党的各种文件精神以通俗易懂的语言向大众传播，培育农村思想道德文化建设的阵地；立足乡村文明，在传承经典的基础上，推陈出新，不断赋予传统文化新的时代内涵和内容；推动各种文化资源向农村倾斜的力度，逐步健全和完善乡村文化服务体系建设。物质生产活动和精神文明建设二者相互关联、相互影响、相互协调，实施乡村振兴战略，物质文明和精神文明建设两手抓、两手都要硬。

三、两点论与重点论相统一的哲学意蕴

矛盾存在于人类社会运动、发展和变化的全过程中。矛盾的普遍性原理要求在认识和分析事物中，"我们既要注重总体谋划，又要牵住'牛鼻子'。在任何工作中，我们既要讲两点论，又要讲重点论，没有主次，不加区别，眉毛胡子一把抓，是做不好工作的"。习近平同志善于运用矛盾分析法的方式，分析当前我国社会发展存在的各种问题和挑战。乡村振兴战略作为谋划新时期乡村振兴的顶层设计，在中国特色社会主义新时代提出，体现了党中央对"三农"问题的充分认识。因此，党中央在乡村振兴战略上，既全面统筹兼顾，又善于抓住重点和主流；既看到乡村振兴是以农村经济发展和产业兴旺为基础和重点，又善于抓住农村社会治理、民生、文化以及生态等在内发展水平的整体性提升，是乡村的全面振兴，体现了两点论与重点论的统一。

四、实践与理论相统一的哲学意蕴

全部社会生活在本质上是实践的，实践是人类生存和发展的最基本活动，只有通过实践，人类才能获得对事物和人类社会发展的正确认识。乡村振兴战略作为一种战略思想体现了实践与理论相统一的辩证关系原理。实

践没有止境，理论创新也没有止境。马克思主义不是教条的理论，与时俱进是马克思主义的重要特征。换句话说，马克思主义理论的发展必须以实践条件为转移，在实践中不断赋予马克思主义新的时代特征和内涵。乡村振兴战略作为习近平新时代中国特色社会主义思想的重要组成部分，其诞生和发展并不是一蹴而就的，是党中央系统总结党的主要领导人对"三农"问题探索的经验，根据"三农"发展的具体实际，提出解决"三农"问题的重要指导思想，进一步体现了实践与理论的统一。

作为传统的农业大国，"三农"问题是事关国家发展与社会稳定、和谐的重要课题。改革开放四十多年来，党的主要领导人坚持马克思主义基本原理和方法论，坚决反对将马克思主义当成万能公式机械地运用到实践中，而是将理论与实践相结合，对"三农"问题进行长期的、艰苦的探索。以邓小平为核心的领导集体，总结"三农"问题正反两方面的经验，大刀阔斧地对农村经济体制进行改革，从调整农村生产关系、优化农业生产结构以及重视科技在农业发展中的作用入手，极大地调动了农民生产的积极性；十八大以来，习近平总书记强调"空谈误国，实干兴邦"，坚持稳中求进的工作总基调，将解决"三农"问题作为工作的重中之重。一系列惠及"三农"的政策落地生根，"三农"建设取得显著成就，为乡村振兴战略的产生和发展奠定坚实的基础。

改革开放四十多年以来，党的主要领导人在没有任何可借鉴的经验的情况下，对"三农"问题进行长期的、艰苦的探索，所取得的重要成就体现了党遵循对客观事物的正确认识，将理论与实践相结合，实现了逐步解决"三农"问题的历史性跨越。毫无疑问，应运而生的乡村振兴战略，表明了党中央对解决"三农"问题的目标和实施方式越来越明确，是我们党勇于坚持实践第一的基础上，不断认识、实践、再认识、再实践，大胆探索，反复实践，使理论与实践紧密结合，在"三农"问题上实现了实践基础上的理论创新。

五、外因与内因相统一的哲学意蕴

事物的变化都是外因与内因相互作用的结果，内因决定着事物发展的根本趋势，外因对事物发展起着加速或延缓的作用。乡村振兴战略作为新兴的政策，其外因是作为重要推动力的国家和社会，内因是农民自身的内生力量。实现乡村振兴，走中国特色社会主义乡村振兴道路，要充分发挥国家、社会以及个人的力量。实施乡村振兴战略既要发挥党中央统领全局的核心作用，制定实施国家质量兴农的战略规划，建立健全各种考核和评价体系，加快构建农业对外开放的新格局，深入实施乡村绿色发展等顶层设计规划，也要不断汇集全社会力量，加快形成财政优先保障、金融重点倾斜、社会积极参与的多元投入格局。可见，实施乡村振兴战略需要充分发挥国家、政府和社会力量在乡村振兴中的重要作用，不断增强乡村振兴战略实施的外部力量。

事物发展是内外因相互作用的结果，乡村振兴战略的内在主体是农民。习近平总书记强调"充分尊重农民意愿，切实发挥农民在乡村振兴中的主体作用，调动亿万农民的积极性、主动性、创造性"。实施乡村振兴战略，要从加强农村的教育、医疗、卫生、环境、社会治理、社会保障制度体系建设入手，强化乡村振兴的制度性供给，为发挥农民在乡村振兴中的内在作用提供制度保障；以乡风文明建设为保障，切实加强农村思想道德建设、文化建设、传承优秀乡村文化，培育具有科学文化素养和良好精神风貌的农民；以摆脱贫困为前提，激发贫困人口脱贫的内在动力，将扶贫与扶志、扶智相结合，抛弃传统的"输血式"的帮扶模式，引导贫困群众克服等、靠、要的传统思想，加大扶贫政策和扶贫专项资金向贫困地区和贫困群众的倾斜力度，增强贫苦农户发展能力，促进形成自立自强、艰苦奋斗、争先脱贫的良好精神风貌，为乡村振兴战略的全面开展奠定坚实的群众基础。可见，乡村振兴战略既要坚持外因与内因的统一，让国家、政府和社会各种力量参与进来，形成乡村振兴的外在动力，又要提升亿万农民自身的内生动力，提高他们建设新农业、新农村和成为新农民的积极性、主动性和创造性。

第五节　乡村振兴战略实施中的"新思维"

乡村振兴战略的实施是个全新的事业，全新的事业需要全新的思维来谋划和支撑。从乡村振兴战略的全局来看，就是城乡关系布局中的新思维，土地制度安排中的新思维，"顶层设计"中的新思维。这"三位一体"的新思维是乡村振兴战略实施中的支柱性思维。把这"三位一体"的新思维贯穿于乡村振兴战略实施的全过程之中，乡村振兴战略必然会呈现出新的愿景。

早在 1936 年 12 月，毛主席在《中国革命战争的战略问题》中就指出"战略"是战争中"那些更高级的东西"。那么，乡村振兴战略实施中"那些更高级的东西"是什么呢？从总体上看，应该包括三个方面的内容：一是城乡关系布局中的新思维；二是土地制度安排中的新思维；三是"顶层设计"中的新思维。

一、城乡关系布局中的新思维

（一）城乡关系布局的重要性

在五千多年的文明中，中国社会一直处于农业文明之中，直到 2006 年 1 月 1 日，农业税的全面废除，才标志着中国社会真正进入工业文明之中。就城乡关系的布局来看，工业文明处理城乡关系的思路是：城市支援乡村，城市与乡村实现一体化发展。这种城市支援乡村，城市与乡村一体化的关系体现在：一方面，城市与乡村之间的资金、技术、人才等经济社会发展的诸要素无障碍地互相流动；另一方面，城市与乡村之间又有天然上的功能分工，也就是说"城市是城市，乡村是乡村"，各自守护着自身"功能上的边界"，各得其所，相得益彰。

而农业文明则不同，中国的农业文明持续时间最长，也最为典型。在中国农业文明思维的模式之下，一直是单向的乡村支援城市：一方面，乡村是城市正常运转的赋税来源；另一方面，乡村是城市正常运转的人力资源的来源。中国古代是如此，近现代也是这样。为什么中国共产党走农村包围城市的革命道路？关键是中国共产党看到了以农业文明为主导的中国社会，城市是靠乡村支撑的。所以，中国共产党要在农村建立"革命根据地"，这是由中国社会农业文明这个大的背景决定的，是符合农业文明布局城乡关系的思维规律的。

中华人民共和国成立后，虽然有了新发展，但仍然处于农业文明这个大的背景之下，所以，布局城乡关系仍然是农业文明的思维方式，城乡关系仍然是乡村支援城市，只不过是把乡村支援城市的这种关系在原有经济体制的背景下发展到了极致——用人为的制度把城市与乡村隔开，从身份上把城市居民与乡村村民隔离。这在中国五千多年的文明史中是没有过的，从世界史的范围来看也是没有的。究其根本是农业文明的思维使然。

现在，虽然中国社会进入了新时代，但仍然处于工业文明的初期，工业文明初期的工业化、城镇化，从世界各国经济社会发展的规律来看，由于不同产业之间的收入差别，第一产业资源向第二、第三产业流动是一个规律，也就是说，由乡村资源向城市的"单向"流动是个规律。但随着工业化向深层次推进、随着城镇化率增长极限的到来，这种状况就会改变，会出现第二、第三产业的资源向第一产业的回流，进而实现第一产业与第二、第三产业之间资源的自由"双向"流动，也就是说由过去的自由地"单向"流动转变成自由地"双向"流动，这也是一个规律。这是乡村振兴战略实施中必须注意把握的一个规律。

（二）双轮驱动的价值

市场在资源配置中的决定性作用和政府发挥的作用是乡村振兴战略中的"车之两轮，鸟之两翼"。让"两轮""两翼"的价值充斥乡村振兴战略的全程。市场是与"资本"相联系的，资本的"趋利性"是资本的天然属性，与"人性"中的天然"趋利性"是相一致的。哪里有资本的积聚，哪里就有"人气"的涌动。马克思在《资本论》中指出："一旦有适当的利润，资本就胆大起来。如果有10%的利润，它就保证被到处使用；有20%的利润，它就活跃起来。"乡村振兴战略的实施，最终的检验结果是乡村"人气"的持续涌动。而"人气"的持续涌动靠的是资本的积聚，而资本的积聚要靠市场来撬动，所以，要充分发挥市场在资源配置中的决定性作用，让资本在乡村积聚，从而带动乡村的"人气"的涌动。但资本有其天然的缺陷，马克思在《资本论》中还指出："有50%的利润，它就铤而走险；为了100%的利润，它就敢践踏一切人间法律；有了300%的利润，它就敢犯任何罪行，甚至冒绞首的危险。"从这里可以看出，在乡村振兴战略中，如果资本的使用不受到约束，人性的"趋利性"不受规范，就会破坏乡村振兴战略的实施。在这里社会主义制度就起作用了，社会主义制度是抑制资本巧取豪夺的"安全阀"，表现为社会主义的制度逻辑规范资本的逻辑；社会主义法治逻辑规范人性的逻辑。正如《中共中央国务院关于实施乡村振兴战略的意见》中明确指出的那样："强化乡村振兴法治保障，充分发挥立法在乡村振兴中的保障和推动作用。"

二、土地制度安排中的新思维

乡村振兴绕不开土地制度的安排，包括土地制度性质的安排、土地制度实现形式的安排。其在人类社会的发展史上一直在悄悄地发挥着基础性的"牵引"作用。

（一）土地制度性质的不同安排使局面不一样

土地制度问题一直是中国数千年文明史中的重大问题。两千年的封建社会，一直逃脱不了王朝更迭、朝代轮替的"周期律"。究其根源，主要是中国封建社会实行的是"土地私有制"。"土地私有制"有一个致命的缺陷，就是每次新王朝建立的时候都要对土地进行调整，达到一种相对均衡，但这种均衡不可持续，主要原因是土地可以自由买卖。中国共产党发现了这个规律，把革命的立足点放在了农村，通过"打土豪，分田地"唤醒农民的革命意识，走农村包围城市的道路。但只要土地的私有制存在，就会产生分化，就会产生历史上的"恶性循环"。为了解决这个难题，中华人民共和国成立后通过"合作化运动"实行乡村土地"公有制"，切断了政权更迭的源头，以此突破"土地私有制"导致农民起义，从而引起"政权轮替"的制度性缺陷。这是中国共产党对中国数千年"土地制度"的第一次实质性的突破，是党的第一代领导集体留给我们的宝贵的政治遗产。这次突破告诉我们，乡村无论怎样振兴，土地公有制的性质坚决不能变。

（二）土地制度实现形式的不同安排使局面不一样

"合作化"使乡村社会的土地制度由"私有制"转变为"公有制"，但这种公有制在乡村的实现形式却是一个全新的课题，当时的工业文明的物质基础是一片空白，所以，中国当时是处于农业文明的思维方式之下。在这种农业文明的思维方式之下，中国又迫切地想让中国社会尽快地进入工业文明社会，只能采取"乡村支援城市"的模式，在实行原有经济体制的基础上，尽快建立中国社会工业文明的物质基础。由于农业文明思维安排城乡关系的模式，加上"计划"，再加上"尽快"，也就是"多、快、好、省"地建设社会主义。这"三位一体"的共同作用，使乡村社会土地公有制的集体经济出现过度"行政化"的特征。乡村社会土地公有制集体经济的过度"行政化"，张扬了集体公有制土地的"所有权"，压抑了集体公有制土地的"使用权"，束缚了集体公有制土地的"经营权"。于是农民对土地只有概念上的"所有权"。

经过改革开放，集体公有制土地的"使用权""经营权"回到了农民手上。但总结改革开放四十多年来的经验，我们发现了两大问题：一是过度张扬"使用权"和"经营权"，而置"所有权"于不顾，使集体的"所有权"旁落，导致集体经济"名存实亡"，这是必须要纠正的。在实现"三权"分置的同时，还要强调"三权协同"，这是乡村振兴战略中的重大原则问题。否则乡村振兴战略的实施就没有"根"，也就没有物质基础，是不可持续的。

这与我们国家的公共哲学观、国家治理理论是背离的。二是改革开放之前，许多生活在乡村的村民想跟城市一体化，但集体土地所有制，以及附着在集体土地所有制上的身份，使这些人无法参与城市一体化，只能通过招工、当兵、高考，才有可能成为"城里人"。现在情况变了，城市想跟乡村一体化，许多从农村走出来的人都有"叶落归根"的想法，想回到乡村生活，又是集体土地所有制把人拒之门外。所以，集体土地所有制实现形式如何安排，使资源和要素在城乡之间充分流动，应该是乡村振兴战略的要义之一。

现在有的地方通过"乡贤协会"这个创新平台，让乡贤在乡村振兴"在场"发挥作用。由于乡贤中有绝大多数是"离场"的，尤其体制内的乡贤，按照相关规定，乡贤的户籍已经迁入工作地，这就意味着乡贤失去了乡村生活的"根基"，特别是在宅基地和墓地方面，无法享受与村民同等的待遇。基于这种情况，有的乡镇、村以"村规民约"的形式，给回乡的乡贤安排宅基地、墓地，以"在场"的方式充分发挥作用。这是很好的探索，既有利于乡村振兴，又符合中华传统文化中的要义。

三、"顶层设计"中的新思维

乡村振兴作为"战略"提出来，"顶层设计"是其要义，因为乡村振兴战略包含了乡村振兴战略的背景、决策、部署和实施的系统内容，具体表现在四个方面：一是涉及乡村自身振兴的大问题；二是涉及城乡一体化过程中的系列问题；三是涉及治国理政中的国家公共哲学、国家治理理论、国家治理体系优化的深层次问题；四是涉及向全人类贡献中国智慧、中国经验、中国方案的大问题。"顶层设计"落实到乡村振兴中，首要的是"治理"思维，然后是"创新"思维，"生态文明"思维，以"功能"为导向的思维。

（一）"治理"思维

由于乡村社会同时存在贫困的精神和精神的贫困两种现象，并且恶性循环，导致乡村社会目前深层次的精神现象是"文化断裂"。为了在乡村振兴中应对这个问题，加上乡村振兴在客观上是多主体参与的，再加上乡村社会是自治的，同时《宪法》第二条又规定："中华人民共和国的一切权力属于人民。人民依照法律规定，通过各种途径和形式，管理国家事务，管理经济和文化事业，管理社会事务。"所以，围绕乡村振兴战略的实施，"治理"思维的确立是乡村振兴战略实施中的"纲"，纲举才能目张。最新的治理理念是基于世界银行援助发展中国家的资金、项目的运行情况而提出来的。由于世界银行是国际民间组织，对资助的对象国出现腐败、低能、低效、专制等现象没有干预的权力，而只能采取监督、问责的办法，于是，新的治理理念应运而生。新的治理理念目前被界定为：一是公平而有效的惯例和组织制度；二是惯例和组织制度要强调效率、效益、参与民主、法治、开放、透明、回应、问责、公众舆论支持、公平正义、有战略目标，也就是人们提倡的"善治"，即追求民主、效率和高尚的道德标准。而乡村振兴战略的实施是在村民自治这个大的社会背景下进行的。自治的本身就是多主体的行为，这就需要有效的自治惯例，如在各主体之间，村民这个主体是当家作主的，其他的主体都是平等的参与者；有效的组织制度，如《中华人民共和国村民委员会组织法》《中国共产党农村基层组织工作条例》等，这些自治惯例和组织制度都要体现"善治"所包含的理念。只有将"治理"理念贯穿于乡村振兴战略实施的全过程，乡村振兴事业才能出现有为的局面。

（二）"创新"思维

现状是创新的前提，创新是现状的提炼。党中央之所以提出乡村振兴战略，显然是因为乡村社会的发展滞后，内生动力不足。正如党的十九大报告指出的："我国最大的发展不平衡是城乡发展不平衡，最大的发展不充分是农村发展不充分"。这种现状是创新的前提，尤其是在国家大力推动创新、鼓励创新的大环境下，乡村社会的创新动力和创新能力就显得特别重要。创新动力来自宽广的视野、不满足现状的愿景和创新创业的精神，敢于冒险、敢于担当、敢于成功，人民对美好生活的向往，本身就是巨大的市场。所以，在乡村振兴的事业中，创新思维、创新行动既是"新动力"，又是"新动能"。

（三）"生态文明"思维

由于人类文明进步有两个基本关系必须处理好：一是人与人的关系，二是人与自然的关系。人与人的关系处理不好，会带来社会动荡、国家衰败。乡村振兴战略的提出与实施，就有解决城市居民与乡村居民之间关系的含义在里面，因为当前我国最大的发展不平衡是城乡发展不平衡，最大的发展不充分是农村发展不充分。同样，人与自然的关系处理不好，也会带来社会崩溃、文明衰退，这是一个客观规律。中华人民共和国成立之后，人们的生产生活发生了重大变化。在很长的一段时间内，"生存型"是绝大多数人生产生活所处的主要状态；经过改革开放，整个国家的物质基础，包括农村的物质基础都发生了重大变化，总体上实现了从"生存型"向"发展型"的跨越。由于人类与自然是生命的共同体，人类只有遵循自然规律，才能有效防止在开发利用自然资源上走弯路。人类对大自然的伤害最终会伤及人类自身，这是无法抗拒的规律。所以，党的十八大把生态文明建设纳入"五位一体"总体布局，提出建设美丽中国的目标，并分别部署生态文明体制改革、生态文明法律制度、绿色发展的目标任务。确立了"生态型"生产生活方式，也就是既要创造更多物质财富和精神财富以满足人民日益增长的美好生活需要，也要提供更多优质生态产品以满足人民日益增长的优美生态环境需要。正是因为我们的生产生活方式实现了由"生存型"到"发展型"再到"生态型"转变，所以，在乡村振兴战略的实施中要牢固树立社会主义生态文明观：一是从自身做起，从自己的每一个行为做起，坚持节约资源的基本国策，推进节能、节水、节地、节材、节矿，节约一切自然资源，打通生产与消费环节，更好地推进循环经济发展；二是针对农业农村污染防治相对薄弱的问题，加大对农业农村污染防治的工作力度和资金投入，发展绿色农业、建设美丽乡村。三是形成节约资源和保护环境的空间格局、产业结构、生产方式、生活方式，自觉贯彻节约优先、保护优先、自然恢复为主的方针，推动形成人与自然和谐发展的乡村振兴格局。

（四）以"功能"为导向的思维

乡村振兴战略的实施，实际上是多方主体针对乡村振兴这一事业的大会战。多方主体包括党的组织、政府组织、乡村自治组织、乡村社会组织、企事业单位组织等，以及村民群体与个体。党的组织"总揽全局，协调各方"，是属于组织领导。政府组织是"具体执行"，是组织实施。但由于公务员队伍中有 80%是党员，领导干部队伍中有 95%是党员，所以，党的组织与政府组织因党员这种身份，越到基层，越可以整合，也就是凡是涉及乡村振兴事业的，就可以"出门一把抓，关起门来再分家"。乡村自治组织是乡村振兴的主体与载体。乡村社会组织一般都具有行业性与专业性，或者如妇女组织有性别上的规定，团的组织则有年龄上的约束性。这些组织是乡村自治组织的有益补充。企事业单位有些是直接面对乡村的，有些是响应党和政府的号召参与到乡村振兴战略中来的。至于村民群体和个体更不可忽视，动员效果好，就能实现"众人拾柴火焰高"的局面；动员效果不好，就成为乡村振兴事业的"旁观者"。从本质上来看，村民群体和个体实际上是乡村振兴的"当事人和受益者"。如果"当事人和受益者"成为"旁观者"，就会出现"上头热，下头冷"的局面，这是乡村振兴战略实施过程中最不愿意看到的，也最不应该发生的局面。所以，各级党组织和政府组织一定要未雨绸缪，以"功能"为导向：一是结合新一轮的机构改革，强化乡村振兴战略实施中机构需要具备与强化的职能；二是梳理现有参与乡村振兴事业各主体的功能，将功能相同或相近的主体进行整合，形成一个"拳头"；三是建立乡村振兴战略的"定期检讨"机制，一方面，将成功的经验，依据《立法法》，提请有立法权的人大授权"试点"，另一方面，将在实践中证明不利于乡村社会向上、向善的办法与措施及时纠正。

总之，乡村振兴战略的实施需要全新的思维来适应、来谋划，只有这样，乡村振兴事业才会达成美好的愿景。

第六节　乡村振兴战略中的创新发展

乡村振兴战略是新的时代发展要求下解决我国"三农"问题的新战略、新部署和新要求，创新位居新发展理念之首，创新发展贯穿于乡村振兴战略的始终。理念创新是引领乡村振兴的行动指南，制度建设创新是其重要保障，发展动力创新是主要力量，路径创新是实现乡村振兴的有力举措，这四个维度的创新耦合成乡村振兴发展的不竭动力，将推动乡村振兴由蓝图走向现实。

党的十九大报告首次提出实施乡村振兴战略，"要坚持农业农村优先发展，按照产业兴旺、生态宜居、乡风文明、治理有效、生活富裕的总要求，建立健全城乡融合发展体制机制和政策体系，加快推进农业农村现代化"。这是我们党着眼经济社会发展全局及深刻把握现代化发展规律做出的战略部署，是解决"三农"问题宏大而艰巨的发展战略。正所谓"农村稳则天下安，农业兴则基础牢，农民富则国家盛"，"三农"问题是关系国计民生的根本性问题，乡村振兴战略的提出是国家在"三农"发展新阶段、新规律、新任务的基础上做出的重大战略部署，是"三农"问题发展的必然要求。

实施乡村振兴战略是中国特色社会主义进入新时代的"三农"工作战略，也是习近平总书记"三农"工作思想的集中体现。发展是解决我国一切问题的基础和关键，以发展促振兴，贯彻新的发展理念，坚持创新发展是国家发展的核心动力，乡村振兴战略正是贯彻新发展理念，建设现代化经济体系的重要体现。创新理念贯穿于国家的一切工作，创新是一切社会形态生存发展的动力，没有创新就没有发展，创新作为新发展理念之首，是指引和推进落实乡村振兴战略的第一动力，也是实现农业、农村、农民全面发展的驱动力。

一、理念创新是引领乡村振兴战略的行动指南

发展理念是国家发展思路、发展方向、发展着力点的集中体现。理念创新是对中国特色社会主义发展规律的新认识、新概括和新提升。乡村振兴战略的理念创新是在深刻总结国内外发展经验教训的基础上提出来的，是致力于破解农业、农村、农民发展难题，增强发展动力，厚植发展优势的治本之策，也是农村实现更高质量、更高效率、更加公平、更加可持续发展的必由之路。

（一）理念创新始于乡村振兴概念的提出

党的十九大报告首次明确提出实施乡村振兴战略。乡村振兴战略在如此重要级别的报告中作为一项战略被单独提出，其重要程度可见一斑。习近平总书记一直高度重视创新，总是从国家前途、民族命运和我们党治国理政政治使命的战略高度来把握创新的紧迫性和必要性。乡村振兴战略正是在这种创新使命思维下提出的"三农"发展战略，是在历史、现实和未来贯通的时间思维下提出的重大创新发展战略。历史、现实、未来是相通的。历史是过去的现实，现实是未来的历史。在坚持中发展，在继承中创新。有坚持、有继承，才能将过去、现在和未来联系起来；有发展、有创新，才会有现在优于过去、未来超越现在的前进运动。乡村振兴战略创新理念的提出正蕴含着这样的历史辩证法，也是党中央创新使命思维的重大体现。

纵观乡村振兴战略提出的历史脉络，我们不难发现，实施乡村振兴战略是开启全面建设社会主义现代化国家新征程的必然选择。改革开放四十多年以来，农村改革带动了乡村的全面发展，我国农业农村也同国家其他事业一样飞速发展，取得了历史性的成就。十八大以来，党中央出台的一系列强农惠农政策，实现了农业的逐年增收、农民收入的持续提高和农村社会的和谐稳定，社会主义新农村建设给农村带来了翻天覆地的变化。但因受多种因素的制约，我国"三农"问题依然突出：农村社会事业发展滞后，城乡居民收入差距较大，农业基础仍不稳固，城乡发展不平衡、不协调的矛盾仍然突出；长期以来，资源要素单一从乡村流向城市的局面未能得到根本性扭转；农村劳动力大量外出，留守农村的大多为妇女、老人和儿童，农地荒芜，产业萧条，农产品无市场竞争力。以"农村的空心化"严重、"农业的边缘化"加剧及"农民老龄化"的趋势日益突出为特点的新"三农"问题，成为全面建成小康社会、基本实现现代化和实现中华民族伟大复兴的短板。所以，解决好"三农"问题始终是全党工作的重中之重。

那么，乡村振兴的提出为何未使用"乡村复兴"这一概念呢？首先，释义"振兴"和"复兴"。"振兴"解释为：振发兴举，增强活力；使发展、兴盛。"复兴"则指：衰落后再兴盛起来，再创辉煌；春回大地、万物复苏。其次，分析政策语境。翻阅历次党中央有关文件可以发现，使用"振兴"的主要有"振兴东北老工业基地"；使用"复兴"的主要有"中华民族伟大复兴""复兴之路""复兴号"高铁等。那么，总体来说，第一，"复兴"政治术语层次显然更高，"振兴"次之。第二，之所以使用"振兴"而非"复兴"，这表明党中央并不认同乡村衰败，乡村发展并非衰败后的"复兴"。诚然，乡村存在诸如空心村、空巢村、发展滞后等各类"乡村病"，但这实际是城镇化过程中的阵痛，类似于城市发展中出现的交通拥堵、环境污染等各类"城市病"，是伴随城镇化进程的阶段性特征，必须客观正视。第三次全国农业普查结果显示，随着城镇化进程的加快推进，乡村的数量确实在减少。我们知道，大多数乡村的逐步消亡是发展规律，也是必然趋势，但并不能认为这是乡村的衰败，而且从历史的维度纵向来看，我国乡村实际是处于逐步发展之中的，目前还有很多地域特色突出、产业基础较好、规模体量较大、发展潜力较高的村庄，现在的振兴旨在整顿恢复，使其增强活力，振发兴盛。最后，乡村振兴战略有别于乡村复兴运动，乡村振兴是在新的时代背景下，站在新时代的历史起点上，做出的具有新特征、新模式的创新发展之路。总之，乡村振兴战略的提出，既是长期以来党和政府不忘其本，解决"三农"问题的继承和延续，又是新的时代背景下，党和国家立足当代、面向未来提出解决"三农"问题的新号召。

（二）发展理念的创新是乡村振兴战略的精髓

新的发展理念引领新的发展行动。"理者，物之固然，事之所以然也。"发展理念对了，目标任务就好确定了，政策举措也就好确定了。乡村振兴战略的发展理念是乡村振兴的行动指南，从十九大报告到2018年发布的《中共中央国务院关于实施乡村振兴战略的意见》，再到2018年中央农村工作会议，概而言之，乡村振兴战略的实施有明确的发展理念创新和转变。

1. 融合发展，重塑城乡关系

自十六届五中全会提出"城乡统筹发展"至十八大报告中提出"城乡发展一体化"战略，城乡发展一体化是基于特定发展阶段所提出的发展战略，主要表现在：强调外力的注入，如工业反哺、加大城乡统筹、缩小城乡差距等；强农惠农富农政策的驱动；工业反哺农业、城市支持农村和多予少取放活方针；突出基础设施和社会事业发展，改善农村生活条件等物质层面建设；坚持以工促农、以城带乡、工农互惠。过去实行的城乡统筹、城乡一体化战略，基本取向是"以城带乡"，城与乡的关系主要表现为主与次的关系，主动与被动的关系。但由于城市具有强大的吸引力，农村大量的人、财、物等资源都单向流入城市，"强城弱乡"的现实格局未能改变。正如马克思、恩格斯所说，"城乡之间的对立是随着野蛮向文明的过渡、部落制度向国家的过渡、地域局限性向民族的过渡而开始的，它贯彻着文明的全部历史直至现在"。在全面建成小康社会的进程中，我国"三农"工作在党的正确领导下，经历了历史性的变革，并取得了历史性的成就，但在肯定以往成绩的同时，更要清醒地看到，目前，我国最大的结构性问题——城乡二元结构仍然较为明显，城乡之间发展不平衡的矛盾并未从根本上得到解决，农业、农村发展滞后仍是我国发展不平衡不充分的最突出表现。

要解决我国城乡关系失衡的突出矛盾，当前最紧迫的任务就是要进一步对城乡发展战略进行调整，即由过去的"城乡统筹"发展转变为"城乡融合"发展。从历史维度和认识深度来看，由"统筹"到"一体化"再到"融合"是发展的进步，也是对城乡关系认识的升华，"城乡融合发展"理念为乡村振兴起着引领性的重要作用。"消灭城乡对立不是空想，人们只有在消除城乡对立后，才能从他们以往历史所铸造的枷锁中完全解放出来"，城乡关系并非微调，而是重塑。坚持城乡融合发展理念，重塑城乡关系，主要表现在以下几个方面：第一，认同乡村发展规律有别于城市，遵循城市和乡村各自发展规律，坚持城市和乡村两个发展维度，相向而行，空间融合；第二，在新的历史条件下，乡村振兴必然是开放性的，不能局限于乡村内部的重建和提升，必须有城乡两端双重资源的集成整合，使城乡之间人、财、物等发展要素能够真正自由流动，平等交换；第三，乡村要实现高质量、高标准的发展，就要变城市对乡村的带动发展为融合共同发展，要求城乡资源配置合理化、城乡产业发展融合化。总之，随着社会主义制度的巩固，城市和乡村之间利益上的对立必定会消失。在推进城乡融合过程中，最基本和最关键的要求是城乡之间必须实现全面融合和共同繁荣，进而逐步实现城乡之间的相互依存和共生共存，"城乡融合发展"是"四化同步"的必然要求，也是新时期我国重塑新型城乡关系、与时俱进发展的创新理念。

　　2. 优先发展，补齐农业和农村短板

　　在要求城乡融合发展的同时，乡村振兴战略首次提出"要坚持农业农村优先发展"，可以看出党和国家对补齐农业和农村短板的决心和目标。不是同步发展，而是强调"优先"。优先的体现在于重点支持，着力缩小城乡差距，需要在城乡间优先考虑干部的配备问题，优先满足资源要素的分配问题,优先保障资金投入的支持问题,优先安排公共服务的建设问题。"三农"工作是直接影响我国决胜全面建成小康社会和全面建设社会主义现代化国家的重要因素。全面建成小康社会,全面实现全国现代化,农业、农村、农民尤其不能掉队。乡村振兴旨在切实改变农业农村的落后面貌,拉长农业这条"四化同步"的短腿,补齐农村这块全面小康的短板。

　　长期以来,大多数地方在发展过程中受传统城乡二元体制的束缚和影响,都把主要资源和精力投放到城市建设和工业发展上,这种重城轻乡、重工轻农的思想直接造成人们对农业农村发展的不重视、不积极、不热心,政策和措施保障也不健全。优先发展农业农村是中国特色社会主义的本质要求,"勤为政者,贵在养民;善治国者,必先富民",农村农民有参与国家共建的责任和义务,也有共享全国发展成果的权利。乡村振兴必须以全体人民共同富裕、全面小康为目标,坚持农民共享发展,实现全体人民共同富裕。既然城乡居民享有平等的权利,那么就应着力解决城乡之间发展不平衡不充分的问题。在新时期,牢固树立农业农村优先发展的理念,从根本上改变重城轻乡、重工轻农的观念,使公共资源向农村逐步倾斜,以实现城乡居民占有资源的相对均衡,缓解资源配置严重不均衡的矛盾,政府在政策措施支持上应由城市偏向农村,真正保证广大农民在乡村振兴中有更多的获得感、幸福感和安全感。农业农村与工业城市是权利平等的主体,相互融合、互依互存的城市和乡村早已形成了一个共生共荣的生命共同体,乡村的支持和参与成就了城市的发展和繁荣,乡村的振兴和发展也离不开城市的反哺和帮扶。坚持农业农村优先发展的创新理念,是重塑新型城乡关系的关键,也是推进城乡融合发展,最终实现城乡共同繁荣发展的重要理念指引。

二、制度创新是实施乡村振兴战略的重要保障

乡村振兴战略的实施离不开制度的健全和完善，行之有效的机制支撑和健全的制度保障是乡村振兴战略实施的重要保证。没有规矩，不成方圆，制度建设是规范权力运行，保证执行效力的有力约束和重要保障，制度创新能激发乡村振兴潜力，迸发乡村振兴活力。从十九大报告到中央农村工作会议，对乡村振兴战略的实施从体制机制建立、政策体系完善、制度性供给等维度都有着新的高度、新的要求和新的探索。

（一）乡村振兴战略制度创新的新高度

梳理近20年中共中央关于"三农"政策的变革，表现在"三农"内在发展的过程，实质上也是"三农"融合的逐步过渡，政策在进步，认识也在逐步深入，进而更深层次地延伸至制度层面的系统性探讨。从影响层面来看，政策多是局部性、浅表性的，多是针对某一具体事项而提出的，而制度则是全局性、根本性的；从时段性来看，政策多是阶段性的，而制度则具有长期性。乡村振兴需要行之有效的制度规划，才能物尽其用、人尽其才，激发农业农村发展的能力和潜力，并使其最大限度地发挥出来。以往关于乡村的论述主要表现为：一是政策倾斜，诸如惠农强农政策、粮食补贴政策等；二是工业反哺和城市支持，诸如对口帮扶、乡村扶贫等；三是设施配套，诸如基础设施建设、社会事业统筹、村容村貌整治等。关于乡村振兴战略，十九大报告与以往报告最大的不同在于政策性论述较少，更多的是制度性表述，尤其是涉及基本经营制度、土地制度、"三权"分置制度、治理体系等根本性问题，无论是广度还是深度，都充分表明中央对乡村改革的空前力度和实现乡村振兴的坚定决心。总体来说，关于乡村振兴战略的论述，无论是

从十九大报告所凸显的高度，还是系统性思维所展现的广度，抑或是涉及乡村基本经营制度、产权制度、治理体系等制度性探索所体现的深度，都意味着乡村振兴战略是站在时代的高度来重新审视"三农"问题的；把握乡村发展规律、植入内生动力、激发市场活力，解决思路也在逐步多元化，且由外力向内力转化，由单点突破到全面振兴的根本性变革，是一次巨大的飞跃，也是解决"三农"问题的新高度。

（二）乡村振兴战略制度创新的新要求

把乡村振兴战略与新农村建设对照来看：首先，从提出背景分析，十六大时期提出新农村建设的 20 字总方针，其实质是基于城乡矛盾不断激化背景下提出的一种阶段性策略，根本的落脚点是使乡村更好地为城市服务；而十九大报告中所提出的 20 字总要求则是在新的时代背景下主动提出的新战略，根本的遵循是城乡共荣。其次，从具体内容分析，党的十六届五中全会提出建设社会主义新农村"生产发展、生活宽裕、乡风文明、村容整洁、管理民主"的 20 字总方针，实际上是满足乡村发展的基本需求，是为对应全面建设小康社会的基本目标而设定的；十九大所提出的"产业兴旺、生态宜居、乡风文明、治理有效、生活富裕"的 20 字总要求，从发展到兴旺，从管理到治理，从宽裕到富裕，从整洁到宜居，无不体现了乡村振兴战略在层次和要求上的升级，从发展水平、发展理念、发展路径、发展模式和发展主体上都与 20 字总方针有很大不同。再次，从发展规划层面来看，乡村振兴战略发展规划的制定是从国家层面出发做出的战略性规划。该规划明确了到 2020 年全面建成小康社会的目标任务，特点在于要求各部门、各地区在国家宏观规划布局下，细化工作重点和政策措施，避免一刀切，因地制宜地编制适合地方发展规律和特点的规划和专项方案，这既有国家层面的宏观指导和统筹规划，也有地方细化实化推进落实的举措。最后，从法律法规方面来看，乡村振兴战略相关文件中提出抓紧研究制定乡村振兴法，把乡村振兴政策法制化。多年来，特别是新农村建设以来，我国形成了一些行之有效的政策措施，需要制度化和法制化，同时从各地区的乡村发展实际出发，需要制定地方政府规章、地方性法规，为乡村振兴提供法律保障。乡村振兴，法律法规先行，这意味着对"三农"问题的工作要求是进一步法制化和制度化。从以上四个方面不难看出，乡村振兴战略是为实现中国特色社会主义现代化所提出的新目标，也是对"三农"工作提出的更高要求。

（三）乡村振兴战略制度创新的新探索

制度建设贯穿于乡村振兴战略的始终，《中共中央国务院关于实施乡村振兴战略的意见》中首次提出要推进体制机制创新，强化乡村振兴制度性供给。乡村振兴的制度性供给主要在于激活市场需要，激活经营主体，激活要素资源，以产业制度的完善为重点，推动要素市场化的配置，全方位、高质量、高标准地服务于乡村振兴。其中，若干制度的创新和探索值得关注。第一，在深化农村土地制度改革中，要探索宅基地所有权、资格权、使用权"三权"分置制度。土地制度是国家的基础性制度，土地问题是解决农村社会所有问题的根本，乡村土地制度要完善设施农用地政策、农民闲置宅基地和闲置农房政策，要保障好农民对土地、宅基地的资格权和房屋等的财产权，充分保证农民群众参与农村经济活动的权利。第二，在深入推进农村集体产权制度改革中，要积极探索农村集体经济新的实现形式和运行机制。文件中明确要让农村资金变股金、资源变资产、农民变股东，推进农村集体经营性资产股份合作制的改革。第三，在完善农业支持保护制度中，要对我国三大最为重要的粮食作物（稻谷、小麦、玉米）探索开展完全成本保险并进行收入保险试点，加快建立多层次农业保险体系。农业支持保护制度中的核心是要完善对农民的直接补贴制度，健全粮食主产区利益的补偿机制，落实好惠农富农政策，实现保护制度的效率和效果。当前，"三权"分置土地改革是乡村土地制度的重点，"农村集体经营性资产改革"是产权制度设计的重点。改革实践证明，沉睡的农村土地、闲置的农村农房、集体经济的农村经营性资产，经过改革带动，就能变资源为资本，为乡村建设注入源源不断的资金血液。乡村振兴战略对制度改革的新探索，就是要着力为制度改革的系统性、整体性、协同性和长远性打下坚实的基础。

三、发展动力创新是乡村振兴战略的主要力量

实施乡村振兴战略是落实广大农民对美好生活向往的实践。乡村振兴战略需要迫切关注如何激发乡村发展的内生动力，唤醒广大农民的角色意识、建设意识和主体意识，充分发挥他们的积极性和创造性，让农民在乡村振兴工作中找到责任感，以及属于自己的那份归属感和认同感，将聚人气、汇人才、凝人心作为乡村振兴的着力点，让愿意留在乡村、建设乡村的农民安下心来，成为乡村振兴的主心骨和主力军。

（一）组织维度创新：打造党建引领乡村振兴的动力引擎

乡村振兴战略是党和国家的重大决策部署，实现乡村振兴，关键在党建引领，乡村组织是乡村发展的坚实后盾，组织振兴是乡村振兴的动力引擎，也是党管农村工作落到实处的具体实践。党的力量来自组织，组织能使党的力量倍增。实施乡村振兴战略，离不开组织振兴，更离不开农村基层党组织这个战斗堡垒。千千万万个坚强的农村基层党组织是推动乡村组织振兴的永动力，千千万万名优秀的农村基层党组织书记是推动乡村组织振兴的动

力引擎，党管农村工作是我们党的一个优良传统，确保党对乡村振兴的坚强领导，最根本的就是要坚持党管农村的原则。坚持和加强党对农村工作的领导，在乡村振兴战略中确保党始终是总揽全局、协调各方的重要带头人。

每一年中共中央发布的第一份文件都强调乡村振兴工作需要建立健全农村工作领导体制，坚持党委统一领导，由政府负责协调、党委农村相关工作部门统筹推进落实。首先，乡村振兴战略领导责任制的建立作为首要任务，完善党的农村工作领导体制机制，形成中央统筹、省负总责任、市县抓落实的工作机制，坚持省、市（州）、县、乡（镇）、村五级书记抓乡村振兴。其次，打造懂农业、爱农村、爱农民的"三农"工作干部队伍，全面提升"三农"干部队伍的能力和水平。最后，打造强有力的农村基层党组织。以党建促振兴，乡村振兴战略中最基础的核心领导当数基层党组织，着力引导农村党员在乡村振兴战略中发挥先锋模范作用。新时期的乡村振兴要着力提升基层党组织建设，加大组织的覆盖力，让党的工作有效嵌入和覆盖农村的各类社会基础组织及各类群体。发挥广大农村基层领导干部和党员的模范带头作用，用他们的智慧思想和行动力量将广大农民凝聚起来，将基层党组织的组织功能落到实处，用组织优势引领发展，把组织力量充分发挥出来，齐心协力投身乡村振兴工作。乡村振兴发展动力的创新在于组织维度的创新，将乡村振兴的美丽蓝图变成现实图景，确保乡村振兴战略在农村落地生根，并最终实现农村改革大发展，离不开打造基层党建引领乡村振兴的动力引擎。

（二）人才振兴：培育乡村振兴内生发展的新动力

人才振兴是乡村振兴的动力支撑，破解人才瓶颈是推动乡村振兴的重要内容。乡村振兴要激活乡村振兴内生动力。培育乡村内生发展动力是乡村振兴战略中有别于之前"三农"工作的重点任务，需要改变以往"输血式"发展的思路，增强"造血"功能，变客体为发展的主体。广大农民是乡村振兴的主体力量，是乡村振兴的主要参与者和直接受益者，"农民主体"是调动其主观能动性，从旁观者、跟随者转变为积极主动参与者和建设者的关键因素，要鼓励农民通过自己的辛勤劳动建设美好家园，创造幸福生活。乡村是亿万农民群众的故土家园，"农民主体"能最大限度地调动广大农民参与经济活动的积极性和主动性，因此，确立农民在乡村振兴中的主体地位是培育乡村振兴内生发展动力的有力支撑。

乡村振兴的核心内容之一是完善乡村治理体系，而村民自治是村民直接参与乡村治理的有效载体，赋予农民主体权利和主体责任，有利于激发乡村振兴的内生动力，强化村民的自治功能和自主意识。首先，在乡村治理过程中，要调动和引导农民的参与意识和话语表达意识，为广大农民提供多元化的渠道，进行利益诉求的表达和交流，激发其在乡村振兴中的主人翁意识，引导他们积极参与并为乡村振兴工作献言献策。其次，由于有乡亲们的乡情作情感连接，在乡村治理体系建设中更要注重发挥乡贤文化在乡村治理中的引领作用，使他们以自身的学识、技艺、经验、专长及修养反哺桑梓。再次，要构建现代化的组织管理平台，构建"统一产权、财权、事权和治权"的村社一体化共同体。共同体集"经济发展、村庄建设和村庄治理"三种职能于一体，通过民主自治管理平台，最大限度地发挥村民的积极性。最后，还需构建现代村民的提升平台，设立村民培训平台，定期对村民进行技术培训，与农业高校合作，通过现代农业实验田建设，提升村民对现代农业科技的认知度。乡贤文化、乡情乡愁纽带将农民群众带到参与乡村治理、建设和发展的整个过程，能激发他们在乡村振兴中的使命感和责任感，并从中获得满足感、幸福感和归属感。

四、路径创新是实现乡村振兴战略的有力举措

乡村振兴战略是解决"三农"问题的总抓手，既管全面，又管长远。《中共中央国务院关于实施乡村振兴战略的意见》是解决"三农"问题的总纲领，是一个全局性、系统性、宏观性的文件。自2004年以来，已有多份包括农民增收、农村基础设施建设、农业现代化等问题的文件，它们聚焦某一具体问题，文件各有侧重点。而与过去只关注某一方面的"三农"政策不同，乡村振兴战略遵循乡村发展规律，准确把握乡村发展的科学内涵，是对"三农"工作的全面部署和统筹规划。习近平总书记提出乡村振兴是乡村的全面振兴，要实现乡村的产业振兴、人才振兴、文化振兴、生态振兴、组织振兴，五个方面的振兴是农村工作"抓重点、补短板、强弱项"的关键，也是农业全面升级、农村全面进步、农民全面发展的创新之举。

乡村全面振兴是乡村振兴战略的主要任务，而乡村全面振兴的有力举措主要有以下几点：

第一，产业振兴，培育乡村发展的新动能。产业兴旺是乡村振兴的工作重点，乡村振兴战略中新的产业体系创新表现为：农业内部结构方面，顺应由传统农业向有机农业、品牌农业转化的趋势；产业结构方面，顺应一、二、三产业融合发展趋势；产业技术构成方面，顺应生物技术、互联网技术等新技术集成趋势。

第二，生态振兴，打造人与自然和谐共生发展的新格局。乡村环境优美不仅造福于农民，对整个生态环境的改善都有着密切关系。生态振兴以农村人居环境整治为纽带，通过对村容村貌的整治，推进乡村绿色发展，提升乡

村居住品质，尤其注重对乡村建筑风貌、独具乡野气息和地域建筑风格的保护和挖掘；同时，乡村的生态振兴又不同于城市，其旨在保护乡村美景风貌，实现人与自然和谐共生，农村生产、生活、生态协调发展的乡村田园风光。

第三，文化振兴，焕发乡村文明的新气象。观乎人文，以化成天下。乡村文化建设要实现良好家风、文明乡风、淳朴民风在乡村振兴中潜移默化的作用。注重乡土味道，强化地域文化元素符号，构建既传承历史和优秀农耕文化，又独具特色的乡土文化，引导农民群众崇德向善、见贤思齐，使亿万农民群众由内心生发出热爱家乡、心系乡土的热忱，并不断转化为振兴乡村的强大正能量，打造农民的精神家园。

第四，善治之路，构建乡村治理的新体系。乡村振兴战略治理体系的现代化是实现乡村振兴的重要举措，采用新的乡村治理模式，需要由传统的乡村"管理"向乡村"治理"转变，特别强调"自治、法治、德治"相结合的乡村治理体系的建设。实现"自治、法治、德治"相结合的治理新体系建设是乡村从民主管理到有效治理转变的新举措，"三治结合"的乡村治理新体系，既遵循了乡村发展规律，又符合国家基本政策和制度要求，是乡村社会和谐有序、健康持续发展的有力保障。

第五，社会建设，塑造美丽乡村的新风貌。乡村振兴，生活富裕是根本。优先完善道路、水电气网等基础设施建设；民生问题关乎大计，要优先发展农村教育事业，配套教育、医疗、文化等服务设施，实现乡村设施现代化和城乡设施互联互通。乡村的全面振兴需要整体部署、协调推进，要注重协同性和关联性，要对"三农"工作全面规划推进。总之，实现路径创新和因地制宜的模式创新是乡村振兴战略的有力举措，也是助推乡村振兴可持续发展的创新道路。

梦想无疆，凿路而行。中国乡村未来必将发生根本性变革，乡村发展必将迎来百年一遇的战略机遇期，乡村振兴战略也必将成为实现我国决胜"两个一百年"奋斗目标的重要引擎。

　　乡村振兴是一盘大棋，是对"三农"工作系统性、全局性、创新性的部署，体现了中央创新改革的决心，是一条具有中国特色的乡村发展创新之路。根据规划部署和要求，今后农村必须要走城乡融合发展之路、共同富裕之路、质量兴农之路、乡村绿色发展之路、乡村文化兴盛之路、乡村善治之路、中国特色减贫之路。这七条道路是实现乡村振兴战略的行动指南，是乡村振兴战略在发展理念、制度建设、发展动力、实现路径上的创新和完善，这些创新将耦合成乡村振兴发展的不竭动力，助力乡村全面振兴发展，实现中国乡村振兴的宏伟蓝图。

第二章　乡村振兴战略的创新研究

第一节　乡村振兴战略的六维结构特征

党的十九大报告提出实施乡村振兴战略具有十分重要的意义。乡村振兴战略是一个有机的体系，其结构的层次性和复杂性需要从要素结构、层级结构、价值结构、城乡结构、治理结构和发展结构等六个维度出发来解释说明，并且体现为"六化"，即政府主导与社会参与协同化、顶层设计与基层实践有机化、公共规则与契约精神同构化、城市发展与乡村建设一体化、法治完善与社会自治联动化和创新发展与继承发展的辩证化，它们是乡村振兴战略的六个显著结构特征。对系统结构的分析有利于深化对实施乡村振兴战略的结构性认识和理解，更好地在实践中发挥指导作用。

乡村振兴战略是建设中国特色社会主义的必然要求，也是加快城乡融合发展、实现农村现代化的必然诉求。乡村振兴战略作为"三农"工作的总抓手，按照"产业兴旺、生态宜居、乡风文明、治理有效、生活富裕"的总要求，为实现"两个一百年"奋斗目标奠定良好的基础。乡村振兴战略是一个多维度、多层次的有机体系，是人类社会和现代政治发展的内在要求，它既是一个实践过程也是一种价值追求，具体表现为在时间和空间维度上的复杂性、有序性和动态性的增进过程。实施乡村振兴战略可以从要素结构、层级结构、价值结构和城乡结构中理解，这是实现乡村振兴战略的显著特征。诸要素结构特征决定了乡村振兴战略既是一个从微观到宏观递进的层次性结构，也是一个具有并列关系的同位性结构，在一系列的有效调节下，维系发展过程和存在状态的有机统一。

一、要素结构：政府主导与社会参与协同化

从要素结构看，政府与社会是两个不同的行为主体，有明确的目标和权力界限。围绕公共权力建构和运行管理过程的建构，是政府与社会关系协同化的基础。以前，政府存在的历史逻辑是强化资源汲取和社会控制与动员能力，旨在让社会依附于强权之下，总体上是一种规划的社会变迁，狭隘的排斥异己的社会力量，使社会处于原子化的状态。政府与社会的关系是一种统治和被统治的关系，一方面，政府以权力集中和结构集中来应对社会的多元；另一方面，政府以集权下的分权来应对社会的多元。实施乡村振兴战略就是要打破过去国家权力支配社会的观念，重新建构政府与社会的关系，政府作为最有影响力的公共组织，存在的功能就是在宪法和法律允许的范围内提供公共产品和公共服务，寻求有效的公共事务治理之道和多元的支持力量。

社会作为一个自主的行为主体有其自身价值诉求，与政府是一种平等、协商与合作的关系。乡村振兴需要"善治"，一方面，要提升政府回应能力和倾听能力，培养合作与协商精神，建立公民理性成长的政治文化基础；另一方面，是推进社会民主化，尊重社会个体的价值取向，把个人的权利确定在政府对个人自由和平等的保障度上。也就是说，政府通过合法的方式和途径把社会中闲置、分散的资源整合起来，对基于利益共享和价值共享的社会

道德共同体建设具有重要的推动作用。在政府和社会的二维结构中，两者不存在"修昔底德"式的二元对立，而是相互促进的，引导村民积极参与公共事务形成"成员身份自治"共同体，促进乡村社会的发展。

在政府与社会协同化的过程中，政府主导乡村社会的经济、政治、文化、生态建设，以适应快速发展的变化，保障个体权利诉求成为社会共同的价值取向，通过有效的参与机制，使政府合法地嵌入到社会利益结构中去。社会积极参与政府公共政策的过程，通过社群共同体"自己统治自己"。因此，在乡村振兴战略实施过程中，要明确政府与社会的性质——政府是有限的政府，社会是自组织的社会。只有这样，才能明确马克思关于"重点论"和"两点论"的关系，政府与社会才能协同好关系，达到乡村振兴"各美其美，美美与共"的协同理念。

二、层级结构：顶层设计与基层实践有机化

从纵向维度来看，乡村振兴战略的层级结构划分为三个层次：顶层、中层和基层，这三个层次是层级结构的基本框架。中层的作用主要是上传下达与承上启下。中层更多是作为第三者来促进顶层与基层的有机联系。顶层设计指的是从总揽全局的高度，利用手中的资源和信息，兼顾各方面和各层次的利益诉求和利益偏好，最大化地实现公意，广泛地寻求公共事务的善治之道，使制度存在有其自身的惯性逻辑和支持性的意识形态与社会力量。顶层设计不是关起门来拍脑袋作决策，而是依据现实的乡村状况，坚持从实际出发，为乡村振兴勾勒出清晰的"路线图"，是合目的性、合逻辑性与合规律性的系统规划结果。基层实践是指在国家大政方针的指导下，结合自身实际的特点，发挥积极性和创造性，以适合基层社会发展。基层实践直面乡村振

兴的困难，坚持问题导向重点推进，本着求真务实、实事求是的态度和遇水搭桥、逢山开路的勇气，解决乡村发展中遇到的问题。

党的十八届三中全会提出"顶层设计同摸着石头过河结合起来"的论点，强调二者之间辩证统一，不可偏废。正如习近平总书记所指出的，"推进局部的阶段性改革开放要在加强顶层设计的前提下进行，加强顶层设计要在推进局部的阶段性改革开放的基础上来谋划。"就是说，在实施乡村振兴战略的过程中，要把顶层设计与基层实践有机结合起来，处理好局部和全局、当前和长远、个人和集体、胆子大和步子稳的关系，改变过去那种自上而下的"单轨政治"，倡导顶层与基层双向联动的"双轨政治"。而层级结构的建构：一方面，要加强宏观思考，注重系统性、协同性和整体性，强调顶层设计要整体谋篇布局；另一方面，要打破"渐进路径的崇拜"，结合基层实际情况可以大胆创新，破除思想的禁锢，注重基层实践要学会创新。

实施乡村振兴战略，加强顶层设计与基层实践的有机联系可以更好地形成科学规范、运行有效、系统完备的现代制度体系，更是为了推动乡村社会的发展，其根本的落脚点还是为了让广大的人民群众共享改革发展的成果。"人民"既是利益个体也是意志群体，既需要顶层设计来维护，也需要基层实践来实现。"民为邦本，本固邦宁"，这个"本"就是顶层设计与基层实践有机联动治理的基石。

三、价值结构：公共规则与契约精神同构化

从价值结构看，现阶段维系乡村公共性是基于村民自由合意产生的公共规则与契约精神，这是对社会价值观的重构，与社会性质和国家架构相适应。乡村振兴战略厚植于中华文明，发展于现代文明，具有乡土民间性和地

域多元性的特点。

中国进入新时代，乡村社会由熟人社会进入到半熟人社会，甚至是陌生人社会，原来维系公共权力的血缘、亲缘和地缘逐渐失去了吸附力；乡村治理从传统的礼治走向了现代的法治，原来基于道德和伦理形成的"权力的文化网络"变成了基于规则和契约的"利益的工具网络"。人们之间的诉求是通过反映意志的规则和契约来维持的，民主政治和商品经济的发展既是价值结构产生的根本动力也是价值结构符号化的反映。传统社会是身份与等级社会，现代社会是规则与契约社会，实施乡村振兴战略就是要实现"从身份到契约"的转变，这意味着人际关系及人们生活模式和状态的调整。

对乡土价值的充分认知，还有利于保持乡土社会的延续性和有序性。中国古代社会的宗法血缘关系与小农经济密切相关，在身份基础上形成的伦常规则强化了狭隘保守的形态，禁锢了社会发展。农业文明秩序与乡绅自治秩序有赖于宗法制度，其本质是"家国同构"的"总体性社会"，缺少公共规则和契约精神的约束和限制。进入新时代后，乡村公共性建构是村民基于平等自愿的原则建立"道德共同体"，在公共规则和契约精神的同构下培养社会资本，实现"重叠共识"的理性基础。以社会本位和权利本位为基础的制度建构，既是实施乡村振兴战略的发展方向，也是实现"乡镇自治精神"的核心。

在实施乡村振兴战略的过程中，一方面，要遵循法治原则，保护和尊重乡村共同体成员的权利，按照公共性确立人人适用的普遍规则；另一方面，要遵循契约精神，实现村民利益组织化。公共规则与契约精神同构化有利于乡村经济的发展和民主政治的建设，也就意味着乡村成为一个有机的共同体，村民具有认同感和归属感，增强了对乡村公共事务的关注度，培养了他们的参与意识，增强了村庄的凝聚力。规则意识和契约精神的培养更能体现乡村文明的发展，以逐步建构起培植村民合作互助精神的经济基础。

四、城乡结构：城市发展与乡村建设一体化

在城乡结构中包含城市和乡村两个主体，城市是现代文明繁荣的符号，拥有丰富的资源、完善的基础设施和优良的教育、卫生环境；乡村是传统中国的基础。城乡二元结构导致城市和乡村形成"鸡犬之声相闻，老死不相往来"的"断裂"状态。

中国实施乡村振兴战略，一方面，要统筹城乡发展，注重资源和机会投向农村，推动城乡一体建设格局，增强农村可持续发展能力，提升农村公共服务水平，最终形成农业增效、农民增收和农村繁荣的局面。另一方面，要充分发挥政府"看得见的手"和市场"看不见的手"相结合的调控作用，激发城乡的创新动力和内在活力，打通城乡的二元结构，在一体化发展的过程中增进城乡治理的一元性，推动城乡一体化发展。同时，有效促进城乡人才、资金等要素自由流动、均衡配置和平等交换，构建可持续的新型城乡一体化长效机制，使乡村居民与城市居民共享发展成果，从而形成城乡一体、共同繁荣和良性互动的新格局。

习近平总书记指出"全面建成小康社会，难点在农村。我们既要有工业化、信息化、城镇化，也要有农业现代化和新农村建设，两个方面要同步发展。要破除城乡二元结构，推进城乡发展一体化，把广大农村建设成农民幸福生活的美好家园。"也就是说实施乡村振兴战略，城市和乡村要统一整体谋划，尊重城乡发展不协调、不平衡的现实，从自然条件、历史传承和人文素养出发，逐步推进乡村振兴和城镇化发展，进一步促进城乡服务均等化、

要素配置合理化和居民权益平等化。城乡一体化建设要以人为本,让广大乡村居民切实感受到乡村振兴战略带来的获得感,享受更好的物质生活和精神生活。推动城乡一体化建设发展,既是实施乡村振兴战略的内在要求,也是破除城乡二元结构的有效途径,通过建立城乡融合的机制,进一步形成"以工促农、以城带乡、工农互惠、城乡一体"的新型格局。

实施乡村振兴战略目标就是促进农村经济、社会、文化和生态全面进步,使乡村居民与城市居民一道实现小康社会,最终实现农业农村现代化和城乡共同繁荣,提升广大乡村居民获得幸福感。民亦劳止,汔可小康,城乡一体化建设必将推动城市与农村共同发展,城乡差距也会进一步缩小。

五、治理结构:法治完善与社会自治联动化

在乡村治理结构中,法治和自治是最主要的两种方式和手段。在传统乡村治理中体现为差序格局和宗法秩序为特征的家长权威和乡绅自治模式,乡村兴盛是国家稳定与发展的基础,也是国家治理现代化的重要体现。乡村法治与乡村自治是辩证统一的,法治是实现自治的前提条件,培养公民理性自治;自治是法治的可靠保障,规范个体与国家关系。自治是核心,法治是保障,法治与自治联动化是乡村振兴战略的应有之义。在实施乡村振兴战略的过程中,必须完善乡村法治和自治制度,以促进乡村治理结构的提升。

乡村法治就是根据乡村居民意志和农村社会发展规律来治理乡村,尊重国家法律与民间规范的互动,不受个人意志阻碍与干预,核心是依照法规办理乡村事务,重点对基层公共权力制约,保障农民权利和维护农村稳定。法治是治理结构规范体系的强制性表现,以国家权力为后盾,规范和约束个体的政治、经济和社会权利,保证社会秩序在制度化的结构网络中。明确政

府的有限职能，建立有限权利结构，调整利益关系，尊重乡村法治建设的规律，因地制宜，尊重发展的差异性和多样性，循序渐进地推动乡村的法治建设。

乡村自治是基于和集体土地产权发生关系的开放性的治理结构体系，是民主参与、个体权利所结成的自我统治、自我治理的组织形式。通过社会自治，村民可以自我管理、自我监督、自我服务、自我教育，实现乡村治理的现代化和治理体系能力的建设，实现从统治模式向自治模式的转变，重构国家、社会和自组织个体的权利边界。

在治理结构建构中，要明确法治与自治的边界和范围，法治的目的是维护国家在乡村的权威，统一于国家的现代化建设中，任何组织、团体和个人都不能凌驾于法律之上；乡村自治的意义在于用社会的权力来约束国家权力，维护村民合法权益，维系国家与社会的关系。

法治与自治联动化有利于乡村治理制度化的发展和建设，改变传统权威集中和组织结构集中的治理模式，适合中国农村治理的特征，确保法治原则与公共事务的制度化关系，建构社会自治的基础性结构条件。欲筑室者，先治其基，唯有完善国家法制建设和社会自治建设，才能实现国家治理体系和治理能力的现代化。

六、发展结构：创新发展与继承发展的辩证化

实施乡村振兴战略既是为了实现全面的、可持续的发展，也是为了实现平衡的、协调的发展。发展结构中要注重创新与继承的辩证统一关系，创新发展和继承发展是乡村振兴发展结构的重要组成部分，两者缺一不可。

乡村是一个包含传统与现实的实体，处于连续嬗变和不断发展的进程

中。创新与继承是辩证统一的，两者相互作用、相互依存、相互影响，具体表现为创新—继承—再创新—再继承的循环往复中，构成了由肯定到否定再到否定之否定的辩证发展和永恒运动的过程。

创新是动力，是继承的发展；继承是方向，是创新的基础。扬弃继承，转化创新是发展结构中的一体两面，既对立又统一。乡村要实现发展，必须要进行创新，创新是"旧质"向"新质"的飞跃，周虽旧邦，其命维新，一代接一代上下求索，革故鼎新，乡土文明生生不息。沿着乡村发展的脉络溯源，小岗村鲜红的手印承载着几千年土壤的生机，让农业的生产力增强，农村的活力增加，农民的收入提高。乡村要实现振兴，必须要学会继承，继承是对合理部分的接续，是否定中的肯定。今天的乡村振兴是在原有乡村基础上，从经济、政治、社会、文化和生态上进一步完善制度和健全机制，让改革发展的成果惠及更多的人。实施乡村振兴战略，是为了满足人们对美好生活的向往。

在乡村发展过程中，必须以改革创新的思路，清除阻碍农业农村优先发展和城乡融合发展的体制机制障碍，激发农村各类资源要素的潜能和各类主体的活力，不断为农业农村发展注入新动能。但是也要清醒地看到，不能盲目地否定原有的机制，要关注城乡融合发展的社会资本，保护好原有的文化基因，实现乡土社会的现代转型。乡村正面临一个机遇和挑战并存的时代，发展应抓住机遇，顺应历史规律，使乡土社会迎来生机勃勃的发展期。为者常成，行者常至，乡村振兴发展既需要创新也需要继承，把科学真理同社会实践结合起来，把优秀的、合理的事物保存下来，走适合农村正确之路、富民之路。

乡村振兴是一项长期的历史任务，我们既要满怀信心地走全体人民共同富裕之路、城乡融合发展之路，也要埋头苦干走中国的减贫之路、乡村善治之路，还要脚踏实地走生态发展之路、党建兴村之路。中国是农业大国，有其农耕文明的历史感，乡村正是农耕文明传承的载体，它不是城市的附属物，而是具有自身价值的生存空间。实现乡村振兴，就要坚持农业优先发展，坚持农民的主体地位，坚持乡村全面振兴，巩固乡村基层执政基础，让改革的红利惠及更多、更广泛的乡村居民群体，推动乡村的可持续发展，早日实现中华民族伟大复兴的中国梦。

第二节　乡村振兴战略背景下的文化创新

本节从乡村振兴战略提出的意义探讨如何进行乡村振兴战略背景下的文化创新。

党的十九大提出实施乡村振兴战略，要想保证乡村振兴战略的实施卓有成效，还需要对其进行一定的文化创新。因为中国文化本质上就是乡土文化，文化创新可以推动乡村振兴战略的实施，对促进"三农"问题的解决具有重要的现实意义。

一、乡村振兴战略背景下进行文化创新的意义

创新是进步的源泉，在乡村振兴战略背景下进行文化创新是"三农"进步的动力，也是先进文化发展的不竭动力。就当前来说，乡村振兴发展史其实也是文化创新史。乡村振兴战略中进行文化创新，不仅体现了农民的智慧，也体现了中华民族的智慧和文明。文化创新的能力也是国家综合实力的

一种重要标志。如果想要保持文化的先进性，就必须进行文化创新。在乡村振兴战略背景下，实行文化创新，也能在很大程度上丰富农民的精神文化生活，鼓励农民积极跟上时代的步伐，随着国家文化潮流走。往更深层次来看，文化创新是一个国家、民族应对全球文化竞争的手段，文化不仅是一种"软实力"，同时也能成为一种"硬实力"。文化创新不仅能够促进乡村振兴战略的实施，更是国家综合竞争力的重要组成部分。

二、乡村振兴战略背景下进行文化创新的途径

随着新时代的到来，针对"三农"问题实施乡村振兴战略也需要创新思维，开展新的工作模式。必须具备文化创新意识，并将其有机融合到乡村振兴的整个过程以及多个方面，以达到促进乡村振兴的目标。

（一）积极推进乡村特色文化产业发展

在乡村振兴战略的实施过程中，要对乡村文明在整个中华文明中扮演的角色以及其所具的时代价值给予足够的重视，这样才能培育乡村文化，创新乡村文化。

农耕文明经历两千多年的漫长历史，充分而又深刻地影响着中国古代的精神文明布局。我们要有系统地对乡村文化资源以及自然资源进行搜集整理，保护好传统的乡村文化，建立以乡村文化为主题的展示馆以及乡村文物收藏馆，建立起我国农耕文明的文化保存库，重视乡土文化的塑造，在日常生活中建立起乡村传统的仪式，为乡村文化创新与发展提供"源头活水"，进一步推动乡村文化振兴。

在实施乡村振兴战略中进行文化建设，就需要积极培育与发展乡村文化的生产力。要充分发掘乡村自然资源中蕴含的文化价值，培育有利要素，

加强乡村文化生产力的发展。在新的时代背景下，以积极的态度构建符合现代发展方向的乡村文化市场体系，积极组织与乡村文化相关旅游活动，发展特色工艺，传统技艺，制订乡村文化艺术的创造计划，并且进行推进。另外，可以结合乡村的实际情况，针对具有的特色的乡村题材，进行影视拍摄和出版，将它们运用到现代化产业中，发展能够促进乡村文化创新的新兴行业，创造具有乡村特色的文化产业。

（二）加大乡村文化创新的力度

要想顺利实施乡村振兴战略，就要协调发展农村的第一、第二、第三产业，构建三者协调发展的产业体系以及生态系统，积极开展乡村文化的创新工作，培育乡村文化的创新力。

乡村振兴战略背景下的文化创新，需要建造人、事物、人文、景观等要素相结合的创意工程，并且与村落美学、乡村景观、自然博物馆的建设相互协调，打造一村一乡的特色文化，促进乡村特色的"一源多用"，实现乡村产业的振兴策略。

实施乡村振兴战略，就是要求能够对颇具乡村文化特色的社会进行综合治理，发挥和提升乡村文化的优势。保持乡村原始的乡土味道，不要触碰生态环境的底线。随着信息技术的迅速发展与普及，一些基础设施在乡村建设起来。在建设这些基础设施的同时，要保留乡村特色，使其生态面貌与城镇的环境有着显著区别，乡村应该是能够看得见山和水，也能体会得到乡愁的地方。实现乡村文化创新，需要对乡村文化认同、文化保留培育、生态持续发展、生活水平进行提升。同时，推选能够将乡村文化与时代文化相结合的乡绅，开展一系列的乡村特色发展与文化创新活动。

实施乡村振兴战略旨在积极解决"三农"问题，在这样的时代背景下进行文化创新，必须将时代变化与乡村特色文化相融合，既要保留乡土文化，也要实现特色文化与其他产业的结合。培养符合时代特征的青年，在坚守乡土信念的同时，积极进行文化创新，构建有中国特色的乡村文化和乡村生活模式。

第三节　乡村振兴战略的鲜明特色

乡村振兴战略是当代中国"三农"工作的思想指南和行动纲领。它形成于中国特色社会主义新时代这一特殊历史时期，具有显著的时代特征；它以解决农业农村发展不平衡不充分问题为目标，具有突出的问题导向特征；乡村振兴战略注重国家系统、整体谋划，具有科学的顶层设计特色；乡村振兴战略的实施注重实际差异、强调因地制宜，具有典型的实践创新性特点。

一、显著的时代特征

与时俱进是马克思主义最重要的理论品质。反映时代特征、顺应时代要求是国家发展战略秉承马克思主义理论品质、与时俱进的突出表现。乡村振兴战略具有显著的时代特征，主要是指它形成于中国特色社会主义进入新时代这一特殊历史时期，能够反映国家发展对"三农"工作提出的新要求，能够解决新的时代条件下农业农村现代化面临的新课题，从而使其充满着浓郁的时代气息。

党的十九大报告指出，"中国特色社会主义进入了新时代，这是我国发展新的历史方位。"乡村振兴战略也正是从我国所处的新的历史方位出发，既对标全面建成小康社会必须完成的硬任务，又着眼筑牢全面建设社会主义现代化国家的坚实基础而提出的。它所要回应的是中国特色社会主义进入新时代后如何实现农业农村现代化这一重大历史课题。

深刻分析乡村振兴战略产生的时代背景，准确把握它面临的时代任务和要解决的时代课题，是深入理解乡村振兴战略的基本出发点，也是科学认识中国特色社会主义理论最新发展成果的必然要求。从总体上看，乡村振兴战略是改革开放以来"三农"工作整体战略中的一个特殊发展阶段和重要组成部分，它是中国特色社会主义进入新时代对"三农"工作的战略规划，也是国家农业农村现代化理论和战略在新时期的提高与升华。乡村振兴战略显著的时代特征就在于：它既是具体的、历史的，又是整体的、统一的。把握好乡村振兴战略的时代特征既要注重从具体的历史条件出发，也要注重从国家战略发展变化的整体出发。

二、突出的问题导向

问题是时代的声音，只有准确把握每个时代面临的问题，才能找到引领时代进步的路标。坚持问题导向既符合马克思主义认识论的内在要求，也是贯彻党的思想路线的具体体现。党的十八大以来，国家各项战略制定的基本依据就是建立在科学分析时代难题、准确把握社会主要矛盾的基础之上的。"增强问题意识""坚持问题导向"是国家战略形成和产生的鲜明特征。乡村振兴战略也是以解决社会主要矛盾为出发点，以"三农"工作中存在的重大问题为导向，而提出推动我国农业农村现代化的新谋划、新举措。

党的十九大报告指出，"中国特色社会主义进入新时代，我国社会主要矛盾已经转化为人民日益增长的美好生活需要和不平衡不充分的发展之间的矛盾。"《中共中央国务院关于实施乡村振兴战略的意见》中特别强调，"当前，我国发展不平衡不充分问题在乡村最为突出。"并从农产品供给状况、农业供给质量、农民适应生产力发展和市场竞争能力、新型职业农民队伍建设、农村基础设施和民生领域欠账、农村环境和生态问题、乡村发展整体水平、国家支农体系建设、农村金融改革、城乡要素流动机制、农村基层党建、乡村治理体系和治理能力等方面做了全面、系统的分析，进而指出，"实施乡村振兴战略，是解决人民日益增长的美好生活需要和不平衡不充分的发展之间矛盾的必然要求。"习近平总书记参加十二届全国人大五次会议四川代表团审议时强调，"我国农业农村发展已进入新的历史阶段，农业的主要矛盾由总量不足转变为结构性矛盾、矛盾的主要方面在供给侧，必须深入推进农业供给侧结构性改革，加快培育农业农村发展新动能，开创农业现代化建设新局面。"可见，农业农村发展的问题意识和问题导向贯穿和反映在党的十九大以来"三农"工作的全过程和各个方面，成为乡村振兴战略设计的一个重要特征。解决"三农"领域存在的突出问题，有针对性地回应人民群众的社会关切，是乡村振兴战略的根本出发点和落脚点。

毛泽东在《矛盾论》中指出："问题就是事物的矛盾。哪里有没有解决的矛盾，哪里就有问题。"正视问题、发现并抓住问题才能做到有的放矢，才能赢得解决问题的主动。中国实现农业农村现代化一样需要正视、发现并抓住"三农"领域存在的突出问题。2018 年中央一号文件中关于"三农"工作的八项重大部署都是围绕关键问题展开的，每一项部署都重点解决一类问题，充分体现了乡村振兴战略突出的问题导向特征。

三、科学的顶层设计

"顶层设计"是一个工程学名词，旨在通过统筹考虑一个项目的各层次、各要素，并寻求在最高层次上解决问题的思想方法。党的十八大以来，"顶层设计"已经成为一个中国政治领域的新名词，专指改革进入深水区之后，仅靠"摸着石头过河"已经无法适应改革需求，因而，要统筹考虑各种要素的关联、匹配与衔接，加强中央对改革方案的系统谋划，从而使改革具备实践可行性。乡村振兴战略就是党中央对"三农"工作进行系统谋划的成果。从总体上看，乡村振兴战略是建设社会主义现代化强国的战略谋划之一；从乡村振兴战略本身来看，它又自有逻辑、自成体系。

"实施乡村振兴战略是党和国家的大战略，必须要规划先行，强化乡村振兴战略的规划引领。"自党的十九大提出实施乡村振兴战略以来，中共中央先后颁布了两个中央一号文件，对实施乡村振兴战略，做好"三农"工作进行了全面部署，并制定了《国家乡村振兴战略规划（2018—2022年）》，对实施乡村振兴战略作出阶段性谋划，从而搭建起了实施乡村振兴战略的"四梁八柱"。其中，包括国家战略规划引领、党内法规保障、国家法治保障、领导责任制保障等重要内容，并布置了82项重要战略、重大行动、重大工程，对如何解决钱、地、人的问题做了统筹安排。此外，还建立了包含22项具体指标的乡村振兴战略指标评价体系等。与此同时，地方政府也开始抓紧出台各地的乡村振兴战略规划。目前，乡村振兴战略在中央的总体设计、统筹协调之下，正在全国范围内整体有序地推进。

顶层设计的优势在于可以做到管长远、顾全局、抓根本。乡村振兴战略方案是一个全面、深刻、缜密的农业农村现代化蓝图，既涉及农村产业、文化、治理、民生、生态等方方面面，也涉及了城乡融合发展体制机制和政策体系，还涉及了国家法制建设、党的农村工作领导体制机制等各种问题。如果不注重整体性、协同性、关联性，就会顾此失彼，得不偿失。从乡村振兴战略的提出到实施，充分彰显了中共中央强大的顶层设计能力和稳健成熟的改革控制能力。可见，注重科学的顶层设计是乡村振兴战略的一个突出特点，把握好这一特点能够使我们更准确地理解乡村振兴战略的深刻内涵，从而更好地将其贯彻并落实到具体的行动之中。

四、典型的实践创新

实践是马克思主义永葆生机与活力的源泉，也是中国特色社会主义不断发展与完善的动力。乡村振兴战略是在社会主义现代化建设的伟大实践中才得以形成、发展和完善的。乡村振兴战略描绘的美好蓝图，也只有通过生动具体的实践活动才能最终实现。典型的实践品格构成了乡村振兴战略的固有特质。

制定乡村振兴战略规划的过程中，国家发展和改革委员会先后多次派出调研组，深入河南、辽宁、吉林、江西、湖南、四川、贵州、陕西、甘肃等省开展专题调研，实地查看了农业农村生产情况、基础设施建设状况、集体经济组织运行情况等，深入了解农业农村发展中存在的问题，掌握农民生产生活上存在的突出困难，听取基层干部群众的诉求建议，并将切实有效的解决方案和具体措施充分体现在乡村振兴战略规划当中。不仅如此，国家发展和改革委员会还会同民政部、农业部（现农业农村部）、文化部（现文化和旅游部）等相关部门组成联合调研组，开展乡村振兴战略规划编制专题调研。乡村振兴战略规划是在充分调研的基础上形成的，切实反映了当前农业农村的发展状况，体现了亿万农民的新期待。乡村振兴战略在各地贯彻落实的过程中，同样以各地的实践探索为基础，形成了多种多样的乡村建设样板、产业发展格局、农村土地改革路径、乡村社会治理模式。仅在人民网报道的就有上百个地区的典型经验和做法，这些都是各地政府结合本地实际实施乡村振兴战略的实践成果，也是人民群众发挥主体作用推进乡村振兴的生动诠释。

习近平总书记在中共中央政治局 2018 年第八次集体学习时强调，"党中央已经明确了乡村振兴的顶层设计，各地要制定符合自身实际的实施方案，科学把握乡村的差异性，因村制宜，发挥亿万农民的主体作用和首创精神，善于总结基层的实践创造。"在中央统一规划的前提下，鼓励地方结合本地实际积极探索乡村振兴新路子的做法，是党的十九大以来实施乡村振兴战略的鲜明特点。此外，突出强调弘扬实干、担当精神，也是乡村振兴实践的突出亮点。习近平总书记多次强调，"要坚持以实干促振兴"，"一件事情接着一件事情办，一年接着一年干。"由此，一系列关于督办协调、督查落实、考评激励、责任追究的工作机制、制度规定相继出台。可见，乡村振兴战略的实施是实践探索与创新精神的有机结合，是党和人民群众建设中国特色社会主义的又一次伟大创造。

乡村振兴战略是党中央以解决"三农"问题为导向提出的国家发展战略。它明确了当代中国特色社会主义现代化建设必须完成的硬任务，为实现农业农村现代化指明了方向，为乡村全面振兴提供了思想引领、战略谋划和行动纲领。乡村振兴战略的鲜明特色是其区别于我国历次农业农村改革方案的关键所在，也是其具有强大生命力、得到群众广泛支持的根源所在，它必将在中国特色社会主义发展史上书写浓墨重彩的一笔。

第四节　社会学视野中的乡村振兴战略

习近平总书记提出的乡村振兴战略，作为我国农村实现现代化的宏大叙事、作为做好"三农"工作的"总抓手"，意义深远而重大。在社会学视阈里，促进农村社会良性运行和协调发展是乡村振兴战略的本质；城乡融合发展，实现农村社会的现代化是乡村振兴战略的目标；建设乡村社会共同体，重塑乡村社会公共精神是乡村振兴战略的关键；改善和保障乡村民生，实现乡村社会"七有"是乡村振兴战略的托底；创新乡村基层社会治理，实现乡村社会"治理有效"是乡村振兴战略的抓手。

党的十九大报告中指出，经过长期努力，中国特色社会主义已经进入新时代，我国社会主要矛盾已经转变为人民日益增长的美好生活需要和不平衡不充分的发展之间的矛盾。基于对我国社会主要矛盾发生转换的正确判断，党中央适时提出实施乡村振兴战略。从党的十九大报告提出要实施乡村振兴战略，到 2018 年 1 月 2 日《中共中央国务院关于实施乡村振兴战略的意见》颁布，再到 2018 年 5 月 31 日中共中央政治局召开会议审议了《乡村振兴战略规划（2018—2022 年）》，经过从战略构想到顶层路线图再到政策框架确定的一系列转换，标志着乡村振兴战略在我国广大的农村开始落地生根、开花结果。乡村振兴作为我国农村实现现代化的宏大叙事，作为做好"三农"工作的"总抓手"，意义深远而重大。本节试从社会学的视角对乡村振兴及战略思想进行探讨。

一、促进农村社会良性运行和协调发展是乡村振兴战略的本质

从 20 世纪 70 年代末农村经济体制改革以来，整体上农村经济社会发展得到长足发展，但是与城镇的迅速扩张、现代化程度不断提升相比，农村产业凋敝、农业产出效益低下、基础设施落后、青壮年精英人才外流、民生保障水平较低，并没有完全实现与我国全面建成小康社会、实现现代化的目标相向而行。从社会学视角看，我们可以认为农村社会没有实现良性运行和协调发展。在社会学的视野里，包括乡村在内的社会，均由承担着不同功能的结构组成，只有不同构成部分之间实现良性运行和协调发展，才是真正意义上的社会振兴，也就是说，只有当乡村社会的经济、政治、文化、社会、生态文明系统之间以及各系统内部不同部分、不同层次之间的相互促进，乡村社会才是良性运行和协调发展的。因此，乡村振兴着重要解决我国城乡社会发展不平衡不充分的问题，目标在于实现全面的、系统的发展，实现"产业兴旺、生态宜居、乡风文明、治理有效、生活富裕"，实现我国乡村经济建设、政治建设、文化建设、社会建设和生态文明建设统筹协调发展。因此，从社会学的视角看，促进农村社会良性运行和协调发展是乡村振兴战略的本质。

二、城乡融合发展，实现农村社会的现代化是乡村振兴战略的目标

我国"三农"问题由来已久，尽管"三农"问题连续多年成为中共中央的关注对象，尽管学界对"三农"问题有着非常多的研究，但始终没有能取

得实质性突破。究其原因，既与农业、农村、农民发展的独特性相关，更与我国长期以来的实施的城乡分治、以城带乡的政策相关。1949 年以后，我国确立了优先发展社会主义工业、建立工业化国家的战略，长期实行的农业支持工业、农村支持城市的发展策略逐渐形成了我国城乡分治格局和城乡二元结构。改革开放以来，尽管农村社会也得到长足发展，但在市场化、工业化、城镇化的大潮中，"城乡二元结构"并未得到根本改观。在城市社会迅猛发展的同时，农村社会的边缘化倾向更加明显。与城市社会的繁荣兴盛相比，农村社会显得日益凋敝和落后，农村青壮年群体加快向城市社会流动，农村土地抛荒、撂荒的现象日益严重，农村经济社会发展缺乏人才。全国各地出现了诸多的"空心村"，留守妇女、留守老人、留守儿童成为农村主要常住人口，进而带来农村民生和社会保障的一系列困境。但是，中国的现代化不可能只有城市的现代化。不可能所有的农村人口都能转化为城镇人口，广大的农村地区是我国经济社会发展的大有可为之地，阻止农村的持续凋敝衰败是中国特色社会主义现代化的必然之路。不是消灭乡村，而是必须振兴乡村；不是城乡二元、城乡分治，而是要走向城乡融合。正如党的十九大报告指出的，"没有农业农村的现代化，就没有国家的现代化"。因此，从社会学的视角看，实现城乡融合发展，进而实现农村社会的现代化，是乡村振兴战略的目标。

三、建设乡村社会共同体，重塑乡村社会公共精神是乡村振兴战略的关键

如前文所述，我们党和政府历来高度重视"三农"问题，并且不遗余力

地促进农业、农村、农民的发展，建立制度、提出战略、出台政策，尤其是在推动农业产业发展、促进农村基础设施建设、保障和改善农村居民的民生等方面，投入了很多资源、下了很大力气，如社会主义新农村建设、新型农村合作医疗制度、美丽乡村建设、农业经营体系建设等，虽然都取得了一定成果，但没有从根本上改变城乡格局中农村的弱势地位和城乡发展中农村的相对滞后状况。

从社会学的视角看，乡村社会弱势地位和滞后发展长期难以改变的局面，与我国农村社会正在发生的一种根本性变革——社会个体化密切相关，而我们恰恰忽视了或未能认识到这种正在发生的根本性变革。所谓个体化是指，在社会流动和社会分化日益加速的背景下，城乡社会个体逐渐从原来作为其行动框架和制约条件的阶级、单位或集体、社区，甚至家族和家庭中抽离，同时也从所属的抽象集体主义和传统道德规范中解放，日益自由并成为能"自己决定自己命运"的个体，社会的个体化特征和趋势日益清晰。

整体而言，我国乡村社会个体化大致经历了两个阶段：一是改革开放初期，乡村个体从无所不包的经济体制和全能主义国家中脱离；二是从20世纪90年代中期开始，乡村个体从所属的集体、家族、家庭甚至亲密关系中脱离，个体化之后越来越多的人成为"为自己而活"和"靠自己而活"的原子化个体。一方面，个体化导致个体面临的是更多不确定性和不安全性的困扰，社会风险不断向孤立、孤独的社会个体沉淀；另一方面，个体化导致乡村社会共同体事实上的瓦解和乡村社会公共精神的衰落。乡村的个体化变革所导致的乡村社会共同体和公共精神的瓦解，消弭乡村社会建设或振兴的社会基础。因此，从社会学视角看，乡村振兴战略的关键在于能否真正建设好乡村社会共同体、重塑乡村公共精神。

四、改善和保障乡村民生，实现乡村社会"七有"是乡村振兴战略的托底

由于农业现代化程度不高以及效益比较低下，广大农民增收缓慢，这成为掣肘农村居民"生活富裕"的重要因素。在大量农村青壮年人口向城市流动的社会背景下，留守人群成为农村经济社会发展的主力军，但他们抗风险的能力低，往往容易成为社会上的弱势人群。同时，由于农村经济社会发展缺乏充足的资源投入，与城市社会发达的社会保障和公共服务水平相比，乡村社会保障水平相对低下，在教育、就业、医疗、住房、养老等民生事业方面保障不足、面临着诸多困境。因学、因病、因残等致贫、返贫现象较多，留守儿童的照料、留守老人的赡养均存在着诸多现实困境，这些成为乡村居民对美好生活向往的主要障碍。乡村振兴必然内在地包含着广大乡村居民对美好生活的需要和对生活富裕的要求。社会保障能在面临失业、疾病、伤害、年老，以及家庭成员死亡、薪资中断的情况下，为社会成员提供基本生活保障。因此，改善和保障乡村民生，是实现乡村振兴战略的托底机制。

改善和保障乡村民生，具体而言，就是要实现党的十九大报告提出的"幼有所育、劳有所得、学有所教、病有所医、老有所养、住有所居、弱有所扶"的"七有"目标，加快农村社会保障体系的完善和保障水平的提高、促进乡村公共服务和公共产品的供给。重点要完善留守儿童的关爱服务体系，加大乡村托幼机构和学前教育机构的投入力度，加快探索建立以居家养老为基础、以社会养老为补充的农村社会养老服务体系，加快城乡医疗保障体系一体化建设，提高农村居民的医疗保障水平。在此基础上，要结合乡村社会共同体建设，培育和发展农村公益类与慈善类社会组织，对政府民生保

障形成有益的补充。

五、创新乡村基层社会治理，实现乡村社会"治理有效"是乡村振兴战略的抓手

乡村治，天下安。创新和加强乡村基层社会治理是乡村振兴战略的重要内容，也是实现乡村振兴的重要保障。改革开放以来，我国乡村发生了翻天覆地的变化，农村经济得到迅速发展。在此基础上，农村利益格局深刻变动、社会结构深刻转换、农民思想观念深刻变化，乡村社会的深刻变化对原有乡村基层治理体系、治理机制和治理能力提出了新挑战和新要求。

当前，党对乡村的领导有待加强，乡村自治机制有待强化，乡村法治水平、德治水平有待提升，平安乡村建设面临新情况。面对新挑战，实现新要求，关键在于实现更加高效的乡村社会治理。"治理有效"是党的十九大提出的乡村振兴战略目标之一，创新乡村社会治理则是实现"治理有效"的基本手段。"自治""法治""德治""心治"是乡村社会治理的四种重要手段，实现乡村基层社会"治理有效"，就是要推动上述四种治理手段的创新。具体做好以下四个方面的工作：

一是要完善乡村村民自治体系。激发乡村多元自治主体活力，形成包括乡镇党委政府、村委会、家族家庭、村民个人、企业和社会组织在内的多元主体自治体系；构建和完善乡镇党委政府领导的，其他多元自治主体积极参与的有效互动模式；形成制度政策完备、资源供给充足的乡村社会基层多元主体自治机制。

二是要加强乡村依法治理体系建设。要通过乡村基层政府学法、信法、

懂法，依法决策、依法执法，为乡村社会树立法治权威，要加强基层法律服务机构建设，推动法制教育全覆盖。既包括基层政府、自治机构，也包括村民；既包括党员干部，也包括普通群众；既包括成年人，更要加强未成年人法制教育。

三是要创新乡村德治体系建设。在继承乡村传统道德的基础上，着力推进乡村道德体系的创新，构建与当前乡村社会关系、社会结构相适应的新的道德内容体系，引领乡村道德新风尚。

四是要加强乡村心理健康服务体系建设。要根据乡村经济社会发展及利益格局、道德观念的变动，完善乡村心理健康服务的内容体系，着力在个体、群体和村庄层面做好心理服务工作；加强心理服务主体建设，依托现有乡村卫生室或者新建乡村心理服务站，加强乡村心理服务主体的培训工作，保证每个建制村能有一名及以上的专职心理服务工作者；要增设心理类社会组织的服务方式，开展村民心理普查，建立心理疾患的发现、排查、诊断和治疗机制，助力村民心理健康，培养自尊自信、理性平和、积极向上的乡村居民。

第五节　乡村振兴战略背景下的基层治理

党的十九届四中全会审议通过了《中共中央关于坚持和完善中国特色社会主义制度推进国家治理体系和治理能力现代化若干重大问题的决定》（以下简称《决定》）。全面落实《决定》关于乡村振兴与基层治理现代化的部署要求，探索完善"三农"工作的制度框架和政策体系，需要重点突破、形成合力、多"点"开花，绘就"三农"工作新蓝图。

一、完善农村经济制度，推动农村经济高质量发展

实施乡村振兴战略，要统筹推进农村经济建设、政治建设、文化建设、社会建设、生态文明建设和党的建设，加快推进乡村治理体系和治理能力现代化。乡村振兴，产业振兴是基础，发展农村经济是乡村振兴的重要内容。《决定》明确提出，"深化农村集体产权制度改革，发展农村集体经济，完善农村基本经营制度"。

"实施乡村振兴战略，完善农业农村优先发展和保障国家粮食安全的制度政策"，这是党的十九大之后党中央对乡村振兴战略的再动员、再部署。中华全国供销合作总社理事会副主任邹天敬认为，按照《决定》的决策部署，在大力实施乡村振兴战略、推动基层治理现代化的进程中，需要重点完善农村经济制度和基本经营制度。

北京大学马克思主义学院副院长、教授王在全表示，国家治理体系和治理能力是一个国家的制度和制度执行能力的集中体现，两者相辅相成，坚持和完善社会主义基本经济制度对推动经济高质量发展具有重要作用。党的十八届三中全会提出，全面深化改革的总目标是完善和发展中国特色社会主义制度，推进国家治理体系和治理能力现代化。党的十九大明确将"实现国家治理体系和治理能力现代化"作为全面建设社会主义现代化国家的重要内容。党的十九届四中全会指出，中国特色社会主义制度是党和人民在长期实践探索中形成的科学制度体系，我国国家治理一切工作和活动都依照中国特色社会主义制度展开，我国国家治理体系和治理能力是中国特色社会主义制度及其执行能力的集中体现。当前，我们正面临百年未有之大变

局，机遇与挑战并存。为此，必须坚持和完善社会主义市场经济体制，贯彻新发展理念，推进供给侧结构性改革，建设更高水平开放型经济新体制，不断推动中国特色社会主义事业前进。

湖北省社会科学院原院长、研究员宋亚平认为，要以集体经济助推农村社会治理现代化，突出农村基层党组织在农村全部工作中的战斗堡垒作用。深化农村改革，发展农村经济，促进农村和谐，维护农村稳定，建设社会主义新农村，都需要更好地发挥农村基层党组织的战斗堡垒作用。而决定农村基层党组织功能作用大小与领导班子战斗力强弱的核心要素和根本缘由，其实不仅在于村级干部队伍的具体素质，而且在于村级集体经济的整体力量。推进农村社会治理体系与治理能力现代化，是一项长期而艰巨的历史任务，必须有大量的、持续性的财力投入来支撑。

宋亚平还指出，要想把农村社会治理好，就必须不断提升农村社会公共服务的水平与质量，让广大农民群众实实在在地体验到越来越高的获得感、幸福感和安全感。但在实际操作中，每年的涉农财政支出真正到农村生产第一线和农民群众手中的并不多。一些基本的、均等的公共服务长期欠账，提供的方式方法也不尽合理。同时，对于一些微观领域的公共服务与公益事业，国家不可能全部"兜"起来，还得由村级组织依靠集体经济来自力更生。虽然国家在农村税费改革之后不断加大对基层财政转移支付的力度，但仍然难以维系村级党组织正常履行职责所必需的运转需求。

在谈到农村基层党组织在发展农村集体经济中的关键作用和引导能力，宋亚平补充到，当前我国各地那些先进的农村党支部与村委会之所以能够充分发挥战斗堡垒作用，努力朝着"领导坚强有力、群众生活富裕、村务管理民主、乡风文明进步、公益服务完善、社会稳定和谐"的目标前进，其中最为核心的原因，就是背后有强大的集体经济力量在支撑。因此，要强化党的基层组织建设，实施乡村振兴战略，推进农村社会治理现代化等各项工作，关键就是积极探索新时期农村集体经济的实现形式和不断发展壮大集体经济力量。

二、发展农村合作经济组织，促进城乡融合发展

党的十九大报告指出，要"深化农村集体产权制度改革，保障农民财产权益，壮大集体经济。"农村集体经济组织的运行机制创新，是深化农村集体产权制度改革、保障农民财产资产权益、发展壮大集体经济的基础与保障。邹天敬指出，供销合作社作为我国历史最悠久、覆盖最广泛、体系最完整的为农服务合作经济组织，是党和政府密切联系农民群众的桥梁纽带，要完善以供销合作社为代表的农村合作经济组织，健全城乡融合发展体制机制。

《决定》明确提出，要"完善农村基本经营制度"。邹天敬进一步指出，我国小农生产有几千年的历史，大国小农是我国的基本国情、农情，小规模家庭经营是我国农业的本源性制度。要实现乡村振兴和基层治理现代化，首先，必须坚定不移地走中国特色的农业现代化道路。中国特色的农业现代化道路既不能走土地占有严重不平衡的拉美道路，也不能照搬发达国家大规模家庭农场的发展模式，而必须是走中国特色的适度规模经营之路。既要避免土地撂荒和经营规模过于小，又要防止土地过度集中、人为"垒大户"。其次，必须坚定不移地构建中国特色的农业经济体系。我国农业经济体系和其他国家都不一样，是由农村集体经济、家庭经济、合作经济、国有经济等共同组成的具有中国特色的农业经济体系。最后，必须坚定不移地完善农村基本经营制度。要顺应农民保留土地承包权、流转土地经营权的意愿，把土

地承包经营权分为承包权和经营权，实现承包权与经营权分置并行。

邹天敬详细论述了供销合作社在促进城乡融合发展中的巨大作用，他认为，应该通过乡村振兴形成城乡融合发展和现代化建设新局面。促进城乡融合发展，既要政策引导和扶持，推动城乡产业规划、基础设施、公共服务一体化，也要发挥各类经济社会组织的作用，引导资金、技术、人才、管理等现代生产要素在城乡之间双向自由流动。乡村产业植根于农村，以农业农村资源为依托，以农民为主体，以第一、第二、第三产业融合发展为核心。既要适应地域特色，充分发挥乡村资源、生态和文化优势，加快发展特色产业，大力发展农产品加工业，发展新型服务业，又必须面向市场、沟通城乡、双向流通。这样才能确保农民提供的产品和服务既能产得出、产得优，也能卖得出、卖得好。比如，农村第一、第二、第三产业融合不是简单的一产"接二连三"，而是完善利益联结机制。在这方面，农村合作经济组织集生产主体和服务主体于一身，融普通农户和新型主体于一体，在推动农村第一、第二、第三产业融合，组织带领农民千家万户小生产联结城乡千变万化大市场等方面，具有天然优势。

三、实施乡村振兴战略，保证乡村教育先行

实施乡村振兴战略，就要优先发展农村教育事业；发展乡村教育，是乡村振兴战略的重要支点。实施乡村振兴战略，就必须发展乡村教育、振兴乡村文化，培育乡村文化新氛围。当下，推动乡村教育进一步发展需要关注乡村学校教育和农村家庭教育两个方面。

优先发展乡村教育，就要认真落实好《乡村振兴战略规划（2018－2022年）》，要办好服务"三农"的乡村学校。在提升乡村学校教育方面，有三

个亟待解决的问题。第一个问题是优质教育资源的引进。通过"互联网+教育""AI+教育",农村孩子可以实时享受到与城市孩子一样的优质教育资源,也可以获得非常好的教学体验。第二个问题是师资问题。发展乡村教育,教师是关键,必须把乡村教师队伍建设摆在优先发展的战略地位。城市教师对于乡村学生习惯的培养、品格的养成方面的作用是有限的。问题是我们怎么培养、引进优秀的乡村教师,并留住他们。因此,应提高乡村教师的工资待遇,让农村教师岗位有更大的现实吸引力;制定促进乡村教师成长的顶层规划,让乡村教师成为有前景的职业,提升乡村教师的职业认同感、荣誉感;给乡村教师创造更多接受培训和提升能力的机会。此外,还应向有实力的社会资源敞开大门。第三个问题是乡村学校教育需注重全人教育,促进孩子的全面成长。乡村学校的校长、教师需要具备让孩子全面发展的意识,培养孩子的品格和品德,提升他们的思维能力、审美能力,开拓他们的视野,而不只是应试教育。

在家庭教育方面,应该尽量让孩子与父母在一起,这在很多时候比学校教育还要重要。父母在孩子成长中的缺席,会对孩子的情感发展、性格养成、心理健康等造成负面影响。国家可通过产业调整和教育政策调整解决留守儿童问题;多向在外打工的父母宣传家庭教育的重要性,同时给予一定的政策支持,让他们更容易将孩子带在身边。总之,乡村教育离不开政府、高校、科研机构、企业等多方主体的关注和支持,唯有结合地方实际、实现资源整合、发挥各自的优势,才能促进乡村教育发展、助力乡村振兴实现。

四、推进基层治理现代化,书写"三农"新篇章

《决定》明确指出,"构建基层社会治理新格局……健全党组织领导的

自治、法治、德治相结合的城乡基层治理体系"。实施乡村振兴战略，生态宜居是关键，乡风文明是保障，治理有效是基础。邹天敬认为，实施乡村振兴战略，不能只看农民口袋里的"票子"有多少，更要看农民的精神风貌怎么样，乡村人居环境、社会文明程度和基层治理水平怎么样。要以党的领导统揽全局，以社会主义核心价值观为引领，坚持教育引导、实践养成、制度保障三管齐下，以法治"定纷止争"、以德治"春风化雨"、以自治"消化矛盾"，注重采取符合农村特点的有效方式。既要注重运用现代化治理理念和方式，更要注重发挥农村传统治理资源的作用。通过健全乡村管理和服务机制，发挥群团组织、社会组织、合作经济组织和经营服务组织的作用，发挥行业商会的自律功能，让农村社会既充满活力又和谐有序。在这方面，农村合作经济组织具有联系农民、服务自我的独特功能和优势。按照国际合作社联盟对合作社的定义，合作社是人们自愿联合、通过共同所有和民主管理的企业，来满足共同的经济、社会与文化需求的自治组织。

中国社会科学院学部委员、原工经所所长吕政认为，乡村治理必须聚焦两个核心问题。一是，要坚持党的领导。党的十九届四中全会明确指出，"必须坚持党政军民学、东西南北中，党是领导一切的"。村民自治是党的领导下的自治。实践证明，如果脱离党的领导，那些所谓依靠"乡贤""能人"等实行乡村治理的主张，将会使乡村权力成为少数人牟取私利的工具。中国共产党在成立的 100 年时间里，领导中国人民实现了民族独立和解放，进行了社会主义建设和改革开放，推动了社会的进步和中国的发展，取得了巨大的成就。中国共产党坚持马克思主义与具体国情相结合的中国特色社会主义道路，符合时代发展的客观要求；中国共产党具有严明的政治纪律、组织纪律以及完善的党内监督机制、群众监督机制，以保持党的纯洁性。因此，必须坚持党的领导。二是，要坚持制度自信。要真正认识到中国特色社会主义理论、中国特色社会主义制度以及中国特色社会主义道路遵循当代中国经济社会发展的客观规律，代表中国最广大人民的根本利益，为国家的长治久安和经济社会的不断发展提供可靠保证，是引领中国走向繁荣富强的必由之路以及不二选择。当前，有一种观点认为，深化农村经济体制改革、解决深层次的矛盾，就应当实行土地私有化，实现"耕者有其田"。这种主张将颠覆我国以公有制为主体的社会主义所有制的基础，是错误的主张。土地私有化会导致大多数农民失去土地，因为私人资本会到农村并购土地，加剧农村的两极分化。我国实行农村土地集体所有制，使得农民拥有长期承包权、经营权和土地流转权。这保证了广大农民的根本利益，促进了农村生产力的发展，维护了社会的公平与正义，是实现乡村有效治理的经济基础。

习近平总书记指出："要强化道德对法治的支撑作用。坚持依法治国和以德治国相结合，就要重视发挥道德的教化作用，提高全社会文明程度，为全面依法治国创造良好人文环境。"国家治理是一个系统工程，而基层治理是大厦之基，更需德法共治、以德为先。

乡村振兴、基层治理的客体是民众，主体是地方政府，特别是区、县一级政府，因此，应坚持引导、教化、干预等多措并举，让德治在基层开花结果。首先，政府引导是关键。长期以来，基层治理中官治与自治并存，但起主导作用的仍是政府。其次，传承中华优秀传统文化是灵魂。中华文明博大精深、经久不衰。因此，在推进乡村治理的过程中，我们应把尊师孝亲、勤俭节约、务实奋进等中华优秀传统文化思想落实到现实生活中。再次，发动人民群众参与是根本。人民群众是推进基层治理的重要力量。实践证明，每一项德治的举措只有获得人民群众的支持和拥护，才能够顺利推行、取得成效。因此，基层治理的具体工作要善于听取各方意见，尤其是人民群众的意见。最后，强化制度安排是保障。定型的制度是基层治理的重要保障，因此，要找准基层治理的痛点"下药"，针对基层治理的难点"立规矩"。建章立制只有有的放矢，才能确保每一项制度都"一针见血"，基层治理的各项措施才能落地生根。

坚持和完善中国特色社会主义制度、推进国家治理体系和治理能力现代化，是一项重大的系统工程，需要全党全社会共同努力。实施乡村振兴战略，我们要时刻牢记乡村振兴战略的总目标，紧紧把握农业农村优先发展的总方针，严格落实乡村振兴的总要求，建立健全城乡融合发展体制机制和政策体系，努力实现乡村充分发展、乡村治理有序。实施乡村振兴战略，必须深入理解乡村振兴战略20字总要求，把落实农业农村优先发展的要求，作为做好"三农"工作的头等大事。发展农村集体经济，需要坚持和完善农村经济制度，发展农村合作经济组织，全力实现农村经济高质量发展，促进城乡融合发展。大力发展乡村教育，完善城乡公共文化服务体系，优化乡村文化教育资源配置，夯实基层治理现代化的文化根基，奋力写好"三农"新篇章。

第三章 国内外旅游业与乡村建设融合的比较分析

第一节 国外旅游业与乡村建设融合发展的特点

欧美发达国家最先进入机器大生产时代，首先产生了规模化的乡村旅游需求，因此，其乡村旅游业发展得较早，较为成熟。近年来，亚洲旅游业快速发展，乡村旅游业也在快速的城市化和工业化进程中蓬勃发展起来。大洋洲和非洲则由于地理位置和自然资源的特殊性，形成了自己独特的风格。

一、欧洲旅游业与乡村建设融合发展概况

欧洲乡村旅游市场发展较为成熟，主要消费群体是城市中受过良好教育的中上阶层人士，期望在休闲时逃避城市生活的压力。他们对宁静的氛围、乡村生态、当地文化、美食以及具有特色的住宿环境更有兴趣。欧洲不同国家在旅游业与乡村建设发展方面各有特色。

（一）私营农场经济驱动型的芬兰乡村旅游业

芬兰南部的伊洛拉农场，以家族名字命名，是芬兰最早经营乡村旅游的农场之一。伊洛拉农场经营乡村旅游已有二十余年，占地 90 公顷，整个度

假农场的主建筑是一座包括餐厅、咖啡屋、厨房、小商店和小邮局的二层木楼，还有可容纳 80～100 人的餐厅兼会议大厅，农场迄今仍按传统方式种植庄稼，饲养牛、羊、马、猪、鸡、兔等多种家畜家禽。

农场四季开放，许多家庭趁周末或节日到农场享受宁静的田园生活。不少恋人租用农场的老式马车到附近的教堂举行婚礼，并在农场度蜜月。暑假期间，常有父母带着孩子到农场度假，一些学校也会在农场组织夏令营，孩子们给牛、羊、兔、鸡等家畜家禽喂食，乘坐马车出游，观看田间耕作，练习骑马和远足。农场内还设有遛马场，每年举办短期骑术培训班。

农场出产的都是生态食品，农场餐厅曾获得芬兰烹调协会颁发的"正宗芬兰饭菜"证书。这家餐厅既能准备芬兰传统农家饭，也能安排供上百人享用的丰盛婚宴。农场提供自制果汁和由浆果制作的甜食。

伊洛拉农场每年都会迎来很多来自英国、德国、俄罗斯和日本等国家的游客。为了更好地经营农场，农场主参加了乡村旅游企业家培训，用英语、德语、俄语和汉语等多种语言制作了宣传册，还通过电台、报纸和旅游展览会进行宣传。

根据芬兰有关部门进行的农村调查结果显示，乡村旅游业是芬兰农村发展最快、最具发展前景的项目之一。目前，芬兰全国约有两千多个农场从事乡村旅游业，乡村旅游业的内容也日益丰富。

（二）葡萄酒文化驱动型的匈牙利乡村旅游业

匈牙利维拉尼地区以盛产葡萄酒而著名。普通的波尔科尼亚村将葡萄酒和乡村旅游业结合起来发展经济，打造出世界闻名的"葡萄酒之路"特色乡村旅游线路。

波尔科尼亚村仅有一百多户人家，是一个希瓦布人（匈牙利境内的少数民族，属于日耳曼人的一支）的聚居村。村内的住宅与酒窖都是具有传统民俗特色的文物建筑，村民的房子依次建在村内仅有的一条公路两旁。村民几乎无就业机会，大多数有劳动能力的年轻人被迫前往二十多千米外的城市佩齐打工，并最终迁居市内。

根据村庄的现实条件，1994 年村长贝克·莱奥诺拉女士组织附近地区5 个乡村的村长，成立了"维拉尼-希克洛什葡萄酒之路协会"，协会负责组织、协调并监督属于这条路线上所有地方的旅游业与葡萄酒市场营销方面的工作。第一条"葡萄酒之路"就这样诞生了。

早在"葡萄酒之路"开辟之初，为了吸引观光游客，波尔科尼亚村创办了独特的"降灵节酒窖开放节"。每年节日期间，不但有本地民间文艺和手工艺表演，还邀请国内外不少民间艺术团体前来演出助兴，并开放本村古老的酒窖迎接游客。游客花费 1 000 福林（约 5 美元）购买一个葡萄酒杯，凭此酒杯即可进入 15 个酒窖，品尝当地产的各种葡萄酒。客人找到自己喜爱的品种后，就可当场购买。现在，越来越多的游客从国内布达佩斯等大城市，甚至德国等地慕名来到波尔科尼亚村参加这个节日活动。

由于地理位置偏僻，波尔科尼亚村相对闭塞，但开放意识却非常强烈。村庄为提高旅游方面的知名度不断加强国际联系。如村庄加入了有十多个欧洲国家的乡村参加的"欧洲文化村"活动。波尔科尼亚村在活动中交流乡村旅游业发展经验，并组织村民间的友好互访，吸引了大批欧洲游客。

如今，这条"葡萄酒之路"已形成了一定规模，串联起维拉尼葡萄酒产区的 11 个乡村和城市，维拉尼葡萄酒产区的乡村旅游业逐渐兴盛起来。

（三）自然风光驱动型的瑞典乡村旅游业

地处北欧的瑞典，全国一半以上的陆地被森林覆盖，境内湖泊星罗棋布，沿海岛屿比比皆是。优美的自然风光为瑞典发展乡村旅游业创造了良好条件。在瑞典，国家规定职工的带薪假期每年不得低于5周，而且倾向于将长假分成几个短的假期。这种度假方式的变化，大大促进了乡村旅游业的发展，使乡村度假逐渐成为许多瑞典人旅游生活中的重要组成部分。

瑞典乡村旅游业的最大特点是自有住宿设施的使用。目前，超过一半的瑞典家庭拥有被称为"第二住宅"的夏季住宅。这种别墅式房屋或建在乡间，或建在水边，人们在那里可以远离城市的喧嚣，充分领略大自然的风光。

瑞典政府重视发展乡村旅游业，在2006年就拨款4亿瑞典克朗（约合5 200万美元）作为旅游促销之用。政府通过分布于全国城乡的500多个旅游信息中心向游客提供信息，旅游信息中心有专人回答游客的询问，还免费提供城乡导游图和关于旅游景点、文化娱乐、购物、交通及住宿等服务信息的小册子。

（四）贵族庄园驱动型的英国乡村旅游业

英国的乡村旅游业以贵族古堡、乡村庄园为主，带有浓厚的贵族浪漫气息。在英国，都市仅为一个聚会的场所，或者说是上流人士集中的"总部"。一年中，他们只在城里度过短暂时光，寻求一时消遣，并在匆匆纵情狂欢后，又返归惬意的乡村生活。英国保守党领袖鲍德温曾经说过，英国就是乡村，乡村就是英国，英国的贵族们乐得做个乡下人。

英国乡村豪华贵族庄园的流行在18世纪和19世纪时达到了巅峰，旧的地主和新兴工业家纷纷在乡村建造自己的乡村庄园。尽管祖先遗留下来的巨额财富已经不复存在，但一些旧庄园主一直以来仍然居住在他们庞大的产业中。现在许多地方都对公众开放，其中，一些由国民信托组织和英国古迹署管理。

丘吉尔庄园是英国最大的私人宅院，庄园的中心建筑是布兰姆宫，由于面积庞大，参观游客需乘坐小火车游览庄园。丘吉尔庄园始建于 1705 年，当时安妮女王将牛津附近数百公顷的皇家猎场赐予了马尔伯罗一世公爵约翰·丘吉尔（温斯顿·丘吉尔的祖先），以表彰他在 1704 年 8 月击败法军的赫赫战绩。庄园以庞大的宫殿式建筑群布兰姆宫为中心，四周围绕着花园、草场、湖泊，大雁时而悠闲地在湖畔的草坡上漫步，胜利纪念碑洁白的碑体光芒四射，纪念碑前的草坡上绵羊成群，远远望去像朵朵落在草坡上的棉花。这座充满田园气息的大庄园，号称比英国皇宫还美，不少英国人喜欢拿它与凡尔赛宫相比。

世界闻名的英国贵族庄园迎合了各国高端游客的需求，游客可以在风景如画的乡间感受英国贵族的奢华。

（五）农民利益驱动型的西班牙乡村旅游业

西班牙的乡村旅游业依赖于良好的自然生态条件。西班牙的乡村旅游业在 1986 年前后开始起步，1992 年以后快速发展，目前增长速度已经超过了海滨旅游业，成为西班牙旅游业中的重要组成部分之一。除国内游客外，一些来自欧洲其他国家的游客也开始到西班牙的乡村享受与大自然亲密接触的乐趣。

西班牙发展乡村旅游业，最初源于 20 世纪 90 年代农村部门为适应全球化的冲击，通过政府支持改造农村的基础设施。在这个过程中，农业部门作出了非常大的贡献。从 1992 年的 36 家乡村旅馆发展到后来的七千多家，村民也随之逐渐认识到乡村旅游业的价值在于让城里的人了解乡村，到乡村接触自然，享受一种不同于城市生活的另一种生活方式。因此，西班牙乡村旅游业所带来的间接收益明显，如通过开展乡村旅游业，农民对城市、经济、政治、生活方式等的看法都会发生变化，农民思想的变化进而带来了社会的变化。

西班牙民间联合体——乡村旅游协会（ASETUR），保持着与政府的良好合作关系，在推进西班牙乡村旅游业发展中起着非常重要的作用。它把很多业主联合在一起，超过 60％的西班牙经营乡村旅游的业主加入了这个协会。该协会有一个内容非常丰富的网站，网站上有各个会员单位的介绍，游客可以直接在网站上进行预订。协会还把各个会员单位组织起来，通过预订中心、报纸广告和互联网等手段进行统一的营销推广。为保证乡村旅游业的质量，协会还自行制定了一些标准，要求会员单位执行。

西班牙政府对乡村旅游业的发展比较重视。在西班牙，每一个地区政府都有乡村旅游业方面的立法，从立法上确立乡村旅游业的地位；西班牙国家和地方政府还就乡村旅游业制定了很多标准，其中有一些是必须执行的强制性标准，从而确保了西班牙乡村旅游业的质量。如标准规定乡村旅馆必须是具有 50 年以上历史的老房子，而且最多提供 10～15 个房间（现在也有一些专门化的划分，如专门接待残疾人的旅馆），开业需要申请，经过政府审核合格，才发给开业许可证。不符合上述标准的将拿不到开业许可证。

政府还通过减免税收、补贴、低息投资贷款（有时仅为1％）等，对乡村旅游业给予特定的支持和帮助。贷款主要用于改善乡村旅游业的基础接待设施，有10年的长期贷款，也有在2年以后即开始还款的短期贷款。政府的补贴只用于修缮那些具有50年以上历史的老房子，帮助农民把它们改造成乡村旅馆。另外，政府也会在区域上对乡村旅游业进行合理的规划，根据市场需求开展有关方面的建设，以免造成过度的竞争。

西班牙政府还通过技术上的帮助或培训，来引导和促进乡村旅游业的发展。在培训中教育当地的农民要懂得保护自身的文化，认识到保护农村自然环境和生态环境的重要性，如果因为发展乡村旅游业，自身的文化和农村的环境被破坏了，那将是一件得不偿失的事情。乡村旅游业不能代替农业，否则就失去乡村旅游业的本义。土耳其就有一个极端的例子，游客到当地吃的水果、蔬菜等都不是当地种植的，而是从外地购买的，结果使当地的乡村旅游业逐渐走向衰落。另外，还要提高当地农民的觉悟和认识，干净、卫生的环境，友好的服务态度等对发展乡村旅游业非常重要。当然，乡村的很多设施如果建得非常现代化，如不用木材用钢材、不用地板用瓷砖等，原始的东西没有了，发展乡村旅游业就不会有持久性。

二、美洲旅游业与乡村建设融合发展概况

（一）地方人文景观驱动型的美国西部乡村旅游业

美国西部乡村旅游业是首先由政府部门牵头制定政策标准，由私有公司制订规划，强调地方政府部门、开发商、管理者和社区居民之间的和谐发展。在管理上，保证在开发过程中不破坏自然环境，在实现人与自然和谐发展的同时，利用自然环境资源彰显地方文化。这种以旅游业宣传文化、以文化带动旅游业发展的模式，将具有地方色彩的文化和具有文化价值的遗迹转化为可供休闲娱乐的人文景观。

典型例子之一是怀俄明州的做法。为了促进旅游业发展，怀俄明州工商委员会全力以赴促进旅游业的发展，紧紧依托著名景点黄石国家公园的旅游资源，与当地政府合作，利用好莱坞牛仔电影颇受国内外观众青睐的契机，充分发展以牛仔文化为核心的旅游业，确立了怀俄明州旅游资源中的"牛仔"形象。尽管当地旅游组织依旧宣传黄石国家公园景观的优美壮丽，

但促销者同时把游客的注意力吸引到旷野外那些牛仔聚集的牧场，遍布全州的广大的开阔地、质朴的自然以及河水溪流的地方。直到 1998 年，该州旅游促销宣传中都以"牛仔品牌"为特色，牛仔表演具有强大的吸引力，具有传统风格的度假农场四处都是。除了突出西部牛仔的"真实感"和"神秘感"，促销者们还宣扬牛仔文化，为怀俄明州旅游业增添了一分文化色彩。

牛仔文化与当地乡村旅游业的融合，为游客旅游活动增添了颇具文化特色的内容，形成了以牛仔文化为特点的旅游资源。旅游业发展给当地带来了巨大收入。旅游业成为怀俄明州的三大产业之一，产值与批发零售贸易相当，超出农业产值两倍多。类似的例子在美国西部地区较为普遍，为了树立良好的城镇形象，各地在美化环境、完善设施方面投入了大量财力与物力。乡村地区对历史建筑、古迹遗址进行维护和修整，对富有当地特色的文化进行研究和发掘，不仅有效保护了历史文化遗产，使其成为吸引游客的重要资源，大大增加了环境对游客的吸引力，同时也改善了当地居民的生活条件和生活质量。

（二）宗教文化驱动型的加拿大乡村旅游业

圣雅各布斯（St. Jacobs Village）位于加拿大安大略省滑铁卢市以北三千米处，距多伦多 75 千米，人口约 1 400 人。圣雅各布斯以传统农业经济为主要特征，至今还保持着 19 世纪的生活习惯和宗教信仰，是当地著名的旅游胜地，每年接待游客几百万人。

圣雅各布斯旅游业兴起于 20 世纪 70 年代。四十多年来，这个村子承袭了良好的发展态势。不断有投资注入该村旅游业，旅游项目不断增加、旅游产品推陈出新。1975 年，Stone Crock 饭店开业。不久之后 Snider 面粉加工厂被重新开发，向游客展示传统面粉加工的工艺过程及相关工具，还出售艺术品、手工艺品,成为首批旅游项目。此后,圣雅各布斯的旅游业开始蒸蒸日上。

目前,圣雅各布斯村庄主道的两边汇聚了餐馆、剧院、精品店、礼品店、手工艺作坊、葡萄酒厂等一百多处文化旅游景点。村里有多轮单座马车、老式蒸汽机车,还有一个汇聚六百多商贩摊位的全国最大的农贸集市,及服装购物中心、剧院。圣雅各布斯举办各种文化活动,每年都有几百万游客慕名而来。

由于圣雅各布斯的很多店铺是"前店后厂"或者"下店上厂",游客能近距离观看手工艺品的全部制造过程,增加了一种特殊的体验。例如,在一家扫帚作坊里,有年轻人操作老机器扎扫帚,随后出卖。又如,一家布艺店的二楼便有妇女剪裁和缝制布艺作品,供游客观看和购买。这些片段是村民们日常生活的一部分,并非专为游客而上演。开放的制造过程,满足了游客的好奇心,真实的场景为城市游客提供了别开生面的体验。

圣雅各布斯的各类产品相互区别,又互相补充。这里有优美的田园风光、特色建筑等人文景观供游客欣赏;有马车、蒸汽机车供游客乘坐;有各种手工制造的生活用品,如扫把、地毯、床单等可供游客购买;有多家简易小旅馆、几家乡村旅馆和两个国际品牌酒店供游客住宿;游客就餐可以去宾夕法尼亚特色菜等小餐馆;还有专售本地蔬果和绿色蔬菜的农贸集市;文化欣赏方面还有一个剧院、枫糖浆博物馆。每一类别的产品和设施为数不多,但却形成了一条完善的供应链,满足每年 150 万游客的吃、住、行、游、购、娱的需求。从总体上看,这些成百上千的产品同时贴有"乡村"和"门诺派"的标签,形成了强烈的圣雅各布斯特色。

圣雅各布斯从一个走向没落的小村庄转变为每年吸引一千多万游客的

旅游小镇，很大程度上归功于开发商们在旅游产品上的创新精神。圣雅各布斯旅游区成为安大略省重要的旅游目的地，很大程度上要得益于对本土文化的推崇。对本土文化的认同是圣雅各布斯安身立命的根本，也是其旅游资源的根本属性。与两个世纪前一样，门诺派居民们还是使用煤油、蜡烛和木材，看不到任何电器。人们身上穿的是 19 世纪的服装，用马车来代步，仿佛生活在历史当中。这些习俗和信仰已经内化成当地人的价值观，才使独特的乡村文化代代相传。门诺派宗教信徒的朴素生活给乡村田园的美景涂上了浓厚的文化色彩。

（三）农庄牧场驱动型的阿根廷乡村旅游业

阿根廷拥有大片的牧场、美丽的农庄，著名的潘帕斯大草原牛羊成群，风光旖旎，具有发展乡村旅游业得天独厚的自然条件。为了继续开发旅游业的潜力，保持该行业的高速增长，阿根廷政府从 2000 年开始，着手制订和推行乡村旅游业发展计划，在全国 20 个省、44 个城市举办巡回展览和专题研讨会议，并向从事乡村旅游业的个人和团体提供优惠贷款和补贴，为全国的农牧业生产者提供乡村旅游知识培训。

20 世纪末至 21 世纪初，阿根廷大力开发非传统旅游项目，推出了具有乡土气息的乡村旅游计划，并将它同促进农村经济和社会发展相结合，使之成为该国经济发展中的新亮点。阿根廷旅游部门推出的"马背上的阿根廷""南美土著部落""农庄生活""乡村手工制作""乡村美食"以及"乡村节日之旅"等旅游项目，内容丰富多彩、乡土气息浓厚，吸引了大量的国内外游客。

此外，还成立了阿根廷乡村旅游网，向所有农牧业生产者敞开大门，鼓励他们加盟。21 世纪初，由于阿根廷经济的连续衰退，加上国际市场农产品贸易竞争激烈，阿根廷的农业也处于行业危机之中，乡村旅游业的发展，为农牧业生产者提供了一个良好的发展契机。农业国务秘书处的资料表明，乡村旅游业不仅增加了农牧业生产者的收入，创造了新的就业机会，还大大推动了乡村产业的发展。

以阿根廷南部的圣克鲁斯省为例，从事乡村旅游业的畜牧业主们的营业额已经超过了全省牛奶产量总收入的 10％，而牛奶生产是这个省最主要的农业收入来源。原阿根廷农业国务秘书雷古纳卡认为，乡村旅游业带有家庭色彩，有利于环境保护，有利于带动地方经济的发展，具有广阔的发展前景。他说，当一个农牧业生产者向游客敞开自己家的大门，并与他们共享自己的生活方式的时候，阿根廷的文化价值重新获得升华，同时也使牧民们更加热爱生之养之的土地。

（四）生态旅游驱动型的巴西乡村旅游业

巴西东北大西洋上的地区——费尔南多-迪诺罗尼亚，对于人与自然共处的问题相当重视，不仅本地人有这样的生态意识，游客也都被灌输了这样的思想。游客需要登记个人信息，且需在七日之内离开。此外，环保部门还要向每位游客征收 8 美元作为环保费用，对于居住超过限制天数的游客，环保费用也随之上涨。

费尔南多—迪诺罗尼亚在保护环境的基础上，开展了以休闲娱乐为主的生态旅游。在生态旅游开发中，政府限制入境人数，避免大兴土木等破坏自然环境的工程。除部分生态旅游区外，其余地区均保持本土性和完整性。随着生态旅游的开展，各地的旅游者接踵而至，每天都有四百多名的游客慕名而来。110 个家庭式旅馆建成投产，高档酒店每日的收入高达 450 美元。居民活动的区域不足群岛的三分之一，剩下的地区全部保留原始的面貌，为了进一步保护自然景观，政府还出台鼓励移民的政策。西方旅游者喜欢在海滨度假，古堡海滩针对时间和人数做了相应调整，游客分批进入，且参观时间为 30 分钟，每批游客人数控制在 25 人以内，每天上午仅允许 100 人进入。

在发展生态旅游的同时，游客也受到了精神上的洗礼。一些生态旅游组织倡导游客与自然和谐共处，保护当地的生态环境。

三、亚洲旅游业与乡村建设融合发展概况

（一）民族美食驱动型的韩国乡村旅游业

韩国在 20 世纪 60 年代以前还是一个以农业为主的国家，之后经济略有起色，韩国开始向中等发达国家转型，大多数人口涌入城市，只留下不到10%的人口从事农林牧渔行业，而这样的人口布局恰恰为乡村旅游业的发展奠定了基础。在韩国经济蓬勃发展和城市化进程加快的同时，乡村旅游业也逐渐展开。

韩国农林部、农村振兴厅、农协中央会等农业相关部门，相继推出了"体验绿色农村""传统主题村落""民泊农庄"等对乡村旅游业开发有利的政策。韩国政府也明确了支持乡村旅游业开发的态度，为了保障非农的收入，尽快脱贫，对所开发的旅游项目提供了大量资金扶持，并且出台了一系列乡村旅游政策。

基于韩国乡村旅游业的现状，韩国农林部决定推出将生态环境、信息化、农业培训、旅游综合起来的高端农村旅游项目。为了适应新的旅游消费理念，满足广大游客的消费需求，韩国乡村旅游业不断推陈出新、革故鼎新，向个性化、特色化方向发展，将乡村的独特山水和深厚的文化底蕴融合在一

起，推出了海滩、小溪、瓜果、民俗、山泉等主题模式，结合当地特色风俗节日。例如，"鱼子酱节""泡菜节"等，让游客充分感受当地的文化；品尝当地的美食，感受韩国餐桌礼仪；双休日时，让游客进入农庄或农场感受采茶的乐趣，体验生活。

（二）乡村酒店驱动型的泰国乡村旅游业

泰国充分发挥乡村旅游业的综合带动效应，带领农民摆脱贫困，扶持农民开展旅游业，自己创业，积极利用旅游资源带动内需。乡村旅游业发展在泰国国王的倡导下，将景观、旅游、文化和人才相结合，坚持"适度经济"的原则，朝着"绿色与幸福社会"的目标迈进。乡村旅游不仅以单纯的观光为主，还融合传统风情，提升乡村旅游的内涵，让游客置身其中，带来更高效的经济收入。

当前，临近海滨的乡村酒店以其特有的景观和优惠的价格，成为乡村旅游业的重点开发项目和经济增长点。许多对旅游市场持乐观态度的本地居民，在泰国中南部华欣以南的广大海滨地区修建特色酒店，为喜爱热带海滨阳光的人提供驻足之地。

随着乡村酒店的发展，乡村旅游业也渐渐有所起色，许多海边晒盐场、红树林滩涂拾贝，吸引了大量游客。最著名的有塔普斯干村的椰壳加工厂，游客在这里可以参观椰子由刚采摘到被加工为成品的整个过程。许多渔村抓住商机，都在自家开设银鱼作坊，通过向游客展示制作工艺、销售银鱼来赚取收入。男人提供劳动力，出海捕鱼，而妇女的任务就是对海产品进行加工。加工过程大致分为四个阶段：通过大笊篱将小银鱼从水中捞出、清水浸洗、用开水焯、最后以在纱床上暴晒结束。全程操作较为简单、绿色环保、无异味、零添加。

（三）观光休闲驱动型的日本乡村旅游业

日本的乡村旅游业起步较早，1970 年日本政府就出台了扶持农业旅游的相关政策。乡村旅游有严格的条文规定，例如：就山村振兴的基本问题，咨询委员会在"山村振兴和开发计划"中明确表示："山村地区将长期承担保护日本自然生态环境的责任，为社会经济的发展做出贡献。"就算是独立经营的农家住宿，也要遵循《酒店法》的规章制度。

日本的乡村旅游业发展已近半个世纪，被称为"绿色旅游"，成为世界上很多国家发展乡村旅游业的样本和典范。日本乡村旅游业的份额已经占到旅游业市场的一半以上，具体可分为两类：观光娱乐和休闲度假。

以观光娱乐为主的项目主要有：时令果园、休闲农庄、花卉水果等农林牧业为主的景观。这些景观大多分布在城郊和空旷偏远的地区，其中，70%的时令果园主要分布在甲信越、关东等地，且 80%为私营，其余为"农协"共管。农场主和经营者们从实际出发，根据自身经济实力、实际情况、市场取向和技术能力，对所经营的产品种类进行选择。

日本乡村的休闲度假是将休闲旅游融入生态环境中，为游客提供别具特色的度假体验。其中，休闲农场极具代表性，将农业生产、消费、和休闲旅游统一起来，一般以开展瓜果、蔬菜、茶蚕等农作物生产的农场为主，综合多种自然资源，特色鲜明，专业性较强。此外，还有较单一的、专业性很强的农业活动区，如草原区、花卉区、森林区、景观区、服务区、活动区等，让游客不仅可以利用假期充分体验生活，同时还可以增长农业知识。

四、大洋洲旅游业与乡村建设融合发展概况

（一）多方参与驱动型的澳大利亚乡村旅游业

澳大利亚具有得天独厚的自然风光，是典型的"畜牧业国家"。其农业资源丰富，地广人稀，城镇乡村遍布，交通发达，且随着汽车的普及，乡村旅游也在澳大利亚盛行起来，许多人慕名前去，来往游客络绎不绝。

澳大利亚日渐成熟的乡村旅游业离不开政府和旅游管理部门的支持，还有广大民众的热情参与。如今，澳大利亚已列入世界上乡村旅游业发达的国家之一。地方政府旅游管理部门向当地人民提供各种旅游信息，各种旅游团体和组织相继出现。

信息中心也利用互联网技术以图像、声音的形式向当地人展现旅游注意事项、景点信息、重大活动。例如，"赶牛大行动"、安全事项和景区注意事项。

为了生态环境的可持续发展和旅游资源的保护，政府部门和许多乡村旅游的经营者都开始重视生态旅游资源的保护。政府部门通过广泛征求民意，制定并颁布了相关的法律条文，加强执法力度。例如，大堡礁绿岛公园的一枚贝壳都属于公物，游客不能随身带走，否则会被处以罚款。在法律和自我认识的双重规范下，澳大利亚的乡村旅游业朝着可持续的方向发展。

为保障乡村旅游业可持续发展，社会各界纷纷为乡村旅游生态资源的保护献计献策，许多科研机构和知名大学开展游客调查、对市场进行分析辨认，并开展专业的生态旅游培训活动，为乡村旅游业提供了信息和人才支持。社会公益组织也纷纷通过传媒等手段向社会各界广泛宣传，起到积极的推动作用。

（二）影视效应驱动型的新西兰乡村旅游业

现实中的霍比特村与影片中描述的一样，是一个纯净迷人的世外桃源，坐落于北岛的一个名叫玛塔玛塔的小镇里，电影《指环王》也多次在这里选景拍摄。这里有延绵起伏的山峦、青翠欲滴的牧场、充满魔幻色彩的酒馆、古老神秘的峡湾、错落有致的湖泊等自然景观，还有充满浓郁风情的新西兰北岛乡村小镇"夏尔国"。

专业人员在这里搭建电影的拍摄场景，让本来不为人知的霍比特村在荧幕上亮相，吸引了世界各地的人前来参观。每处旅游资源的设计都独具匠心，将影片中的剧情和生活场景与旅游活动项目紧密结合。例如，比尔博和巴根的家、派对树、可爱的地洞木屋等特色景点，霍比特村让游客们流连忘返，除特殊节假日和拍摄占用之外，霍比特村都聚集着来往的各地游客。

新西兰的首都——惠灵顿，是主要的港口以及政治与商业中心，是沟通南北两座岛屿的重要桥梁。整个城市依山而建，群山环绕，仅有一面临海，阳光充沛。位于惠灵顿地区的多塞炮台，场景布下的跃马旅店，是电影中的一个重要场景——巫师甘道夫和弗罗多会合的地点。

清澈见底的瓦卡蒂普湖依傍于奥塔哥西部的连绵山脉。在这里，有著名的皇后镇——精灵王国罗斯洛丽安森林的主要拍摄场景。来到皇后镇，快艇和高空弹跳等极限运动是必玩项目，而阿蒙汉顶点、白色山脉、迷雾山脉、布鲁南渡口和奥斯吉力亚斯山顶，也是游客的必经之地。

可以说，电影产业的发展在很大程度上促进了新西兰旅游业的进步。自《指环王》和《霍比特人》问世以来，新西兰的游客人数上涨了 13%。

五、非洲"旅游业+乡村建设"发展概况

随着非洲局势逐渐趋向稳定,大部分的非洲国家开始寻求经济的可持续发展。结合非洲当地的自然资源与文化资源,发展旅游业成为许多国家的首选。从如今的效果来看,选择旅游业是正确的。从最初的游客比例从非洲本土游客占所有游客的 70%到如今的 30%,这个数值体现的不是非洲本土游客数量的减少,而是国际游客的迅速增加。与此同时,积极强劲的发展势头也要归功于非洲各国政府的强力支持。

近年来,非洲旅游业的发展也带动了新型"旅游业+乡村建设"经营模式的产生,但这种模式的经营者只有小部分是非洲本土居民,这主要归结于非洲经济的发展水平还无法满足非洲个体经营。另一大半的经营者分别为欧美个体、非政府组织(协会、机构)和以保护环境为己任的多边组织。虽然大部分的前期投资是从前文提及的多边组织和国际慈善机构获得的,但值得一提的是,大部分的旅游公司会选择将营利所得和所受捐赠的资金用在当地乡村建设上,其中包括自然环境的保护,基础设施的完善。从某种程度上来说,实现了"三支一扶"的建设。支持农业发展、支持乡村医疗建设、支持乡村基础教育建设,从而达到扶贫的效果。近几年,这种经营模式在非洲已逐渐普及,"旅游业+乡村建设"的经营模式已被非洲旅游业和政府认可。

(一)东非肯尼亚的野生动物园

众所周知,非洲大陆除了有成片的沙漠外,还有丰富的热带雨林和大面积的草原。沙漠、草原、雨林多样的自然风光,也为动植物提供了多样且舒适的生存环境,再加上自然保护区的成立,人为破坏的痕迹少,动植物在这

里得以繁衍生息。具有效统计，非洲动植物种类多达四万余种，其中还有大量的珍稀动物。在非洲大陆，仅鸟类就有四百多种，其中还不包括雨林深处和沙漠腹地不为人所知的存在。因此，"动植物王国"的名号，非洲当之无愧。

非洲国家懂得抓住这一优势发展旅游业，其主要方法是成立自然保护区，建立野生动物园，让游客在不影响动物自然生态圈的前提下观赏自然，享受自然风光。同时，给生物学家、动物观察员提供研究野生动物生活习性的场地。例如，东非的肯尼亚、坦桑尼亚等国家，是该模式较优秀的代表。

自 1963 年 12 月 12 日肯尼亚独立以来，旅游业得到迅速发展。如今，肯尼亚被评为"举世闻名的非洲新兴旅游国家"，旅游业已成为肯尼亚国家发展的支柱产业，其外汇收入占全国的比例仅次于农业出口。

拥有得天独厚的自然条件是肯尼亚发展旅游业的巨大优势。沿海的平原地带形成四百多千米的海岸线，游客可尽情地欣赏印度洋的美景；除沿海平原外，其余的地势皆为高原，平均海拔在 1 500 米。世界奇观——东非大裂谷将高原一分为二。中部矗立着肯尼亚最高峰——肯尼亚山，海拔 5199米；肯尼亚西部还有非洲第一大湖——维多利亚湖。但是将自然风光与肯尼亚的另一特色相比，人们更加渴望后者，它就是肯尼亚的天然野生动物园。在肯尼亚，野生动物是受到政府法令所保护的，野生动物园保护区为动物们提供了自由自在的、不被人类影响的生存环境。丰富的动植物资源加上合理有效的保护，让肯尼亚野生动物园闻名世界。

不仅是合理运用现有资源，肯尼亚在很多软服务上也下足了功夫。在动物园中创新参观方式，游客可以选择徒步欣赏丛林景观，也可乘坐观光车观赏动物，甚至可选择乘坐热气球从高处观察动物。在住宿方面，除了普通的酒店、民宿外，肯尼亚旅游企业推出了"树顶酒店"，顾名思义，在树顶上的房子。住在"树顶酒店"，游客可以欣赏到森林风光，还可以观察到动物们的夜间生活，进一步地融入大自然，体验不一样的夜晚。这些奇思妙想的创造为其他国家的旅游行业提供了学习经验。

（二）北非突尼斯的沙漠绿洲

近年来，部分非洲国家开始利用沙漠开展旅游业，抛开金字塔这类人文景观不说，单纯欣赏沙漠景观的旅游开始走进人们的视野。走进撒哈拉沙漠，你会发现，沙漠并不是想象的那样荒芜。一些人认为，在沙漠旅游，看到的必然是遍地的黄沙，但在撒哈拉沙漠，你会惊奇地发现，遍地黄沙中掺杂着星星点点的绿洲，这不是海市蜃楼，是真实存在的，有植被、水流和生命的绿洲。这是近年来突尼斯等国家对沙漠绿洲进行维护和治理的成效。绿洲治理同时也为突尼斯等国家带来了旅游业的发展，两者循环互助，成就了今天的突尼斯。

突尼斯位于非洲北部，濒临地中海，是航运的重要枢纽。这个国家古文明遗迹众多，行走至每一处都会让游客有所收获。突尼斯是少见的沙漠、海洋、丛林、古文明等元素集于一身的国家。自 1956 年 3 月法国承认突尼斯独立开始，突尼斯开始寻求发展，政通人和、百废待兴的时刻，突尼斯政府决定将旅游业纳入国家发展之计中。发展至今，旅游业为突尼斯解决了大量劳动力的就业问题，共解决就业岗位多达 10 万个。其旅游业带来的外汇收入仅次于石油出口，位居第二。

随着周边国家旅游业的发展，突尼斯旅游总局决定谋求新的发展机遇，解决淡季旅游业缺口，于是，提出了在冬季进行的沙漠绿洲旅游计划，同时举办"撒哈拉联欢节"来吸引夏季避暑的游客，打响沙漠绿洲旅游的知名度。与之并生的还有沙漠市场，沙漠市场类似于古代的驿站，顾客可以在这里挑选自己喜爱的纪念品和特产。

撒哈拉联欢节的每一个环节都充满了突尼斯当地的风土人情，列队行军的开幕式；带有民族韵味的传统舞蹈，身穿当地服饰的妇女、儿童，在人群中鼓舞游客一同参与；观赏当地独有骆驼比赛；还可与三两好友结伴在绿洲散步等等。

六、国外"旅游业+乡村建设"驱动发展模式的特点分析

（一）融合驱动发展，因地制宜

世界上每个国家都有其独一无二的民族特色与人文风光。最初他们通过大自然的馈赠，孕育出自己所独有的文化并代代相传。到如今，他们结合其独有的人文风光与自然环境相融合，开拓了旅游业新领域，同时促进了乡村建设的发展，走出了独具特色的融合驱动发展模式。他们的成功，为我国旅游业的改革与创新提供了方向和经验。在此，收录了部分国外旅游业与乡村建设相结合，驱动创新发展的范例，见表3-1。

表 3-1　国外旅游业与乡村建设融合驱动发展方向

代表国家	融合驱动发展方向
芬兰	私营农场
匈牙利	葡萄酒文化
瑞典	自然风光
英国	贵族庄园
美国	人文景观
加拿大	宗教文化

代表国家	融合驱动发展方向
韩国	民族美食
日本	观光休闲
肯尼亚	野生动物

（二）以提高农业资源附加值为主，"三农"地位不动摇

发展旅游业与乡村建设相结合的融合驱动模式必须以农村现有的农业资源为基础，乡村现有的农业资源包括：自然风光、民风民俗、农庄牧场、人文风光等。乡村旅游业是在此基础上对农业资源进行包装，提高其附加值，从而吸引游客的一种旅游方式。在包装和赋予其附加值的过程中，并没有与农村、农业、农民三者相冲突的地方。就现有的国外乡村旅游业来参考，其开发只是对农业资源在休闲娱乐领域的功能进行提升，在一定程度上提高其经济价值。因为他们的改革方向大多是休闲度假村，所以没有以牺牲农田、农业生产和农业文化为代价。

（三）全面规划，有序发展

李克强总理说过："市场经济是法治经济，也应该是道德经济。"一个企业想要做大做稳，必须要有法律来进行约束、要有行业准则来进行自我衡量。放在乡村旅游业上也是一样的。通过法律和准则在企业经营、管理、基础设施建设和服务领域等方面进行约束，来确保乡村旅游业的顺利发展。在政府的管理领导方面，我国可以向美国和加拿大学习，简政放权，给当地职能部门一定的空间，让他们结合本地的实际情况，因地制宜，建设出既有特色，又符合消费者口味的旅游产品，从而实现当地乡村旅游业的蓬勃发展。与此同时，政府职能部门也要尽到更多的职责，权力越大，责任也就越大。对现有的农业资源负责，不能为了迎合消费者的喜好而做出破坏农业资源

的行为；对乡村的自然环境负责，不能为了寻求初期的利益而忽略对环境的保护；对村民和游客负责，加强对入驻企业的审查，规范消费市场，保障村民和游客的利益；对乡村未来的发展负责，科学规划土地资源，合理利用农业资源，制定完善的开发制度，全面规范，有序发展。

（四）提供就业岗位，促进当地经济发展

如何吸引居民参与到乡村旅游建设中去，是当地政府在开发时面临的问题之一。想要居民参与，首先要政府部门的积极宣传，政府的宣传是敲门砖。居民对此有了足够的了解后，参与就变得容易起来了。例如，日本乡村水上町是一个被称为"农村公园与工匠之乡"的地方。传统产业与新兴产业并存，其民俗培育园吸引了日本各地手工艺者来此谋生，当地的居民也开始学习手工艺制作。18世纪90年代末到19世纪20年代初，每年来这里游玩的游客突破40万人，给当地居民与政府带来了巨大的收益。

（五）多方关注，互助前行

在国外乡村旅游业发展的成功案例中，我们不难发现，政府、非政府组织、乡村旅游企业三者缺一不可。政府提供法律保障和政策保障，对乡村旅游业的宏观管理、行业管理、市场规范和经营自律等；非政府组织对乡村旅游业的发展提供了坚实的保障和信息技术的支持；乡村旅游企业带来了系统的营销知识，提供了形式多样的旅游产品，促进了乡村旅游业的成长。

第二节　国内旅游业与乡村建设融合发展的特点

我国地域辽阔，就国内旅游业来看，可以划分为以下几个区域：东部、中部和西部地区。为了对国内旅游业与乡村建设融合发展有一个较为全面

的了解，有必要深入分析这些地区部分具有代表性的省、市旅游产业的发展，兼顾乡村建设，根据实际情况客观评价，把这些地区的旅游业与乡村建设的典型案例和取得的优秀经验总结出来，以便各地区相互借鉴、共同发展，促进国内旅游业借助乡村建设开辟一个新的前景。

一、东部地区旅游业与乡村建设的融合发展

中国东部地区主要指的是沿海发展带。相对比较来看是经济最发达的区域，特别是沿海的一些大城市，人口密度大，城市建设快，经济发展相对好，新兴领域宽，吸引了大量的人才。这些省、市由北向南涵盖辽宁、北京、天津、河北、山东、上海、江苏、浙江、福建、广东、广西、海南。沿海形成了几大非常有影响力的城市带。比如，渤海湾城市群、东海湾城市群、南海湾城市群。

在东部沿海地区，集中了中国工业化的优质资源，展现了新的成果。其中与乡村建设的城镇化相结合，开辟了崭新的发展阶段。上述地区以改革开放为契机，不断推进农业的发展进程，形成了由慢到快，再匀速发展的新格局。人们的认识也由传统农耕转移到生态农业上，并积极开发乡村体验式的生态旅游。虽然这使部分农民达到小康生活水平，但是也不能忽视地区差异造成的不平衡性。不容忽视的问题是，乡村需要发展，最初乡村旅游业于20世纪80年代中期开始，在东部沿海发达地区发展起来，成为最初的农家乐旅游，是乡村旅游的雏形阶段。主要出现于大城市周边的近郊，形式以休闲游玩为主，没有统一的标准，特色也不明显。后期经过不断改进，逐渐壮大起来。

东部地区旅游业的起步比较早，具有接待能力强的特点。东部地区旅游

业的发展有着客观的有利条件。如雄伟的泰山，儒家文化传承的孔府、孔庙等独特的文化载体以及景色优美的自然资源，都是开发旅游业的有利条件。东部地区在二十余年的旅游业发展的过程中，开发出了许多具有特色的旅游产品，吸引了国内外大量游客，这些旅游产品在国内旅游市场具有明显的竞争优势。该地区针对不同的游客，开发了不同的旅游产品。如观光、游学、培训、度假、医疗保健、商务旅游等旅游产品，满足了不同客户的需求。其中，文化底蕴深厚是东部地区旅游产业发展建设中的一大特色，乡村旅游业的发展与深厚的文化底蕴密不可分，并以丰富多彩的形式恰当地表现文化内涵。经过多年发展，已经形成了较为成熟的旅游市场。

东部地区不但名胜古迹众多，具有独特的地域文化，而且有数不胜数的历史名人给我们留下的丰富的文化遗产。这些都成为很好的旅游资源，是塑造品牌的重要手段。被誉为"没有围墙的博物馆的"文明古城——浙江绍兴，是一座具有四千多年文化积淀和近 2 500 年建城历史的古城。绍兴名人辈出，用名人故居如鲁迅故居、秋瑾故居、蔡元培故居等，将历史名人的故事与城市发展历史有机地结合起来。同时，还以名人的故事为热点，把有关这些名人的书籍作为开发的旅游产品，推向旅游市场。名人与文化相协调，为促进东部地区旅游业的发展起到了突出作用。还利用古镇依托传统书画文化使旅游与文化相得益彰。绍兴是有桥乡、名士之乡、酒乡等美誉的江南小城。通过深度挖掘其隐性的可开发资源，设计各种特色的旅游产品，如古越文化游、绍兴水乡风情游、古采石遗景游、山林生态游等，吸引了大量国内外游客。精心打造了江南水乡别具一格的旅游景观。除此之外，还展现了水上社戏、古桥鉴水的越地风情的特色体验游。东部地区的乡村旅游业结合了当地独有的文化人文历史，走上了一个新台阶。

东部地区独特的民族文化传统与乡村旅游业发展取得了很好的融合效果。各省市结合民族文化资源形成了各具特色的省（市）内旅游线路。如东北的雪乡游、冬捕节，让游人感受到东北的特色饮食文化，将热情与粗犷完美地融合。东部地区结合当地乡村建设发展实际情况，开发了具有娱乐性和参与性的乡村旅游产品系列。娱乐性、参与性是旅游产品的特色标志，游客全身心地投入到旅游活动中。在娱乐和参与中，通过亲身体验活动的过程，使游客身心愉悦，不但感受到当地的特色文化，而且获得了难忘的旅游经历。

东部的乡村旅游业重点放在休闲游上。东部地区在休闲旅游产品的开发中已有成功的探索，同时依托良好的生态环境与人文环境，开展特色旅游。比较有代表性的如北京、上海、山东和海南等地。 引领了中国休闲游的新的模式，推动了东部地区乡村建设和旅游项目的融合发展。

（一）北京市乡村旅游业的发展

北京市作为东部地区旅游业与乡村建设融合发展的典范，是发展比较成功的案例，具有借鉴意义。2013 年的《北京市休闲农业与乡村旅游发展报告》，对北京市乡村旅游发展进行了总结。报告中认为在国家政策的支持和指引下，北京市郊区县休闲农业与乡村旅游业呈现出了产业形态多样，项目质量逐步提高，资源利用趋于集约、集群发展、建设空间布局合理的特点，而且开发模式呈现出不断创新的特征。

第一，产业形态日趋多样。最初的乡村旅游就是简单的农家生活体验游。比如，吃农家饭、住农家院、摘农家果等。随着旅游模式的不断变化，游客的需求在发生着变化，旅游的模式也趋于适应游客的方向转变。具体来说就是向休闲农庄、休闲农业等多模式发展。休闲旅游的功能也日趋丰富起来。从总体来说，就是功能多样化、形态融合化、服务综合化。

第二，项目质量逐步提高。北京市周边的乡村建设项目，质量一直都在逐步提高，以满足现代乡村旅游业的需求。一些大项目的落实启动，带动了北京市周边旅游产业的发展，其综合效益大幅提升。国际性的集团项目在进行旅游项目建设时，融合国际流行元素，能够做到与时俱进，突破创新。带动周边的旅游经济上一个新台阶，达到新高度。如蓝调庄园、紫海香堤等一批农业创意项目，将文化与科技农业有机结合，让人耳目一新。

第三，资源利用趋于集约。由于北京地区土地资源相当有限，成本相对高。在这种情况下，北京地区的休闲农业项目不能采用粗犷型，需要朝精致化的方向建设和发展，也就是所谓的集约型。北京市乡村旅游业的发展走精致化、特色化的道路，适合北京当地的实际情况，并取得了不错的成绩。

第四，集群发展被普遍认同。乡村旅游业如果要找到出路，必然要依靠区域分工、资源整合、产业合作、相互融合。单靠一两家的成功是很难生存下去的，要形成一个产业链，才能生机无限。所以，在北京地区，城郊农民意识到旅游项目不可能依靠一个区域全涵盖，应该通过与周边的园区、相邻村庄等合作。政府应在把握全局的角度，合理规划和建设来满足游客的全面需求。北京地区通过资源整合和整体包装，将民俗旅游村、观光休闲农业园区与景区（点）等串联起来，满足游客多元化的需求，从而形成了特色明显、资源互补、利益联结紧密的集群式乡村旅游，并取得了一些成效。

第五，开发模式不断创新与融合。北京地区乡村旅游业的发展，不是单纯通过传统的开发模式，而是结合当地乡村的一些基本情况，进行全盘布局，综合开发。从开发的主体上看，由原来的以农户经营为主，转向合作社，同时增加社会资本参与建设等。投资主体朝多元化、股份社会化、经营专业化方向发展。北京地区的乡村旅游业通过发展乡村旅游合作社，提高了乡村在资源开发、市场开拓等领域的发展能力。多元、联合的特点，给北京市乡村旅游业的发展带来了新的契机。

第六，建设空间布局日益合理。北京地区最初的乡村旅游业，主要依附于某些著名的景区，如十三陵周边的采摘园、十渡景区周边的农家院等。随着乡土文化、农业文化本身魅力的挖掘，在一些没有著名景点的地区，也建设了大量的乡村旅游、休闲农业项目。乡村旅游项目的建设发展有很大的空间。

北京市的休闲农业与乡村旅游业呈圈带状分布在城市周边，旅游产业的建设结合资源特色因地制宜。近郊平原区自然山水资源贫乏，以农业产业自身为载体，以特色农产品为主导，以观赏游览、体验农耕为主要方向，高科技农业观光园、农业主题公园、垂钓场、温泉度假村、生态餐厅等项目得到了较快发展。远郊平原和丘陵地带农业资源非常丰富，民风古朴，以观光采摘园、休闲农庄、健康疗养、农村文化体验等为主。远郊山区则结合丰富的自然风光、长城遗迹等旅游资源，使特色采摘、民俗旅游、森林度假等项目得到了发展。北京市周边带状乡村旅游群根据地理位置的不同优势，集中发展旅游经济，促进了乡村特色的旅游发展，带动了北京市乡村旅游业的发展。

北京市作为东部乡村旅游业发展的典范，旅游业和乡村建设融合发展取得了很好的成绩，获得了很多宝贵的经验。其融合的过程中，体现出乡村景观化、形态多样化、项目创新化、投资多元化、营销信息化等特征。北京市的乡村旅游建设和发展坚持以市场需求为导向，以创新为动力，以发展为基础，以特色为手段，以改善并提高农民生活水平为基本点。

（二）上海市乡村旅游业的发展

上海是世界六大城市之一，具有很高的国际声誉。位于长江入海口的上海市位置得天独厚。上海港吞吐量居于世界第一。上海作为直辖市，乡村旅游建设就是大力开创社会主义新郊区的建设。因此，上海市发展乡村旅游业的重点放在休闲农业与乡村旅游业的协调发展上。城市的郊区地带主要分布在上海市的十余个区（县）。1991 年，上海市的乡村旅游业刚起步；到 2002 年，建设成 72 个观光休闲农业景区（点），郊区的农家乐旅游为主打品牌，发展迅猛；从 2005 年起到 2008 年，上海郊区已经建成农业旅游景点三十多处，共有 7 条农业旅游线路建成并投入使用。在上海市乡村旅游业发展的同时，传统农业向生态休闲功能转变，乡村建设和旅游业发展开始融合，形成了观光农业园区、观光农业基地和观光农业镇等多种业态。

上海市乡村旅游业的发展给本地农民创造了就业机会，增加了农民收入，带来了经济效益。此外，乡村旅游业使农业资源得到深度开发，调整和优化了农业结构；扩大了农副产品的销售市场，带动了相关产业的发展；实现了农业和旅游业的结合，两者间实现了优势互补。

上海市乡村旅游业的发展，给当地带来了很好的社会效益。通过旅游基础设施的配套建设，改善了农村生活设施条件，提高了农民的生活质量；保护和改善了农业生态环境，美化了农村人居环境；增强了城乡间的交流互动，提高了农民的意识；通过培训和接待服务，使农民摒弃不良习惯，形成了文明的乡风，推进了农村精神文明建设；通过激发农民的民主、法制和政治意识，推进了农村政治文明的进程。总之，上海市通过发展乡村旅游业，加快了农村社会建设的步伐。

上海市在乡村旅游业发展过程中，不仅保护和发展了当地传统文化，还促进了不同文化的交流，实现了文化的多元化。发展乡村旅游业对上海城郊农村来说，为城乡一体化创造了有利条件；对农业来说，促进了农业产业结构调整，拓宽了农业生产的内涵和外延，发挥了农业在生态保障、观光休闲、文化传承方面的特殊功能，促进了与国际接轨的科技农业发展；对农民来说，更新了他们的观念，增加了就业岗位，增加了他们的收入。总之，在大环境下实现了多元融合。

由于上海是直辖市，这使它具有特殊性。在上海市，建设社会主义新农村的概念已经转变为建设社会主义新郊区。因此，乡村旅游的概念在上海地区实际上指的是郊区旅游。发展郊区旅游，是推动上海新郊区建设的一个重要举措和动力。政府重视、政策扶植、招商环境优良，这些有利条件促进了上海郊区旅游的发展，为上海市发展郊区旅游，增加农民收入，提高区域竞争力开创了一个新途径。

（三）山东省乡村旅游业的发展

山东省是儒家思想的发源地，有着悠久的历史文化，民风淳朴。山东省深厚的传统文化与几千年的传统农耕生活是密不可分的。广大农村居民的生产生活，积淀了深厚的乡村文化，为当地乡村旅游业的发展打下了坚实基础。山东省作为一个农业大省，在农业上也有着丰富的资源。山东省优质的农产品输出到全国各地，甚至远销到国外，并呈现逐年递增的趋势。省内丰富多样的地貌，孕育了丰富的物产资源。如烟台苹果、胶东大白菜、胶东海鲜、莱阳梨、肥城桃等名优经济作物的种植、养殖历史悠久，在国内外驰名已久。另外，山东作为我国最主要的农业大省，将科技引入农业，创造性地采取集约化结合产业化的生产模式，形成了现代化的大规模种养殖基地，实现了村村有特色，乡乡有产业，镇镇有供销，网络与实体相结合。与此同时，得天独厚的农耕文化底蕴，勤劳淳朴的山东人，再加上政府的大力扶持，奠定了山东省发展特色乡村旅游的坚实基础。

早在 20 世纪 80 年代，乡村旅游业发展的巨大潜力就已显现出来，山东旅游局对此非常重视。经过不断地更新发展，到目前已经发展到一定的规模。与此同时，围绕发展社会主义新农村建设，围绕"增加农民收入，改善农民的生活条件，促进农村经济发展"的目标，山东省政府大力推进乡村旅游业发展。乡村旅游业发展带来的积极效应激发了广大农村、农民和企业发展乡村旅游业的积极性。农民组建区域联合、特色联合、供销联合的合作组织，本地企业家纷纷投身到发展乡村旅游业中，很多新的旅游形式被开发出来。由此，山东省的乡村旅游业建设也快速地发展起来。

（四）海南省乡村旅游业的发展

海南省最近几年不断招商引资，以当地的生态环境为依托，大力发展特色旅游，形成了以服务东北固定客户群的乡村旅游平台。特别是冬季，大量东北人迁移至海南省，躲避东北的严寒。这季节性流动的大军带来了海南省旅游业的繁荣与经济的增长。政府也大力发展文明生态村的建设，成为海南省发展乡村旅游业的政策基础，使文明生态旅游成了典范。自 2000 年起，文明生态旅游开始起步，全省陆续建有文明生态村 12 000 个，50% 的自然村都被建设成了文明生态村。海南省的生态文明游快速发展的同时，也暴露出一些需要改进的问题。如有的盲目机械性地照搬硬套，缺乏特色的千篇一律；有的名不副实，没有真正形成乡村的生态农业，还存在破坏当地地形地貌的现象；有的缺乏管理，比较混乱，让消费者失去了信任。即使存在诸多亟待改进的问题，应当肯定的是，海南省的文明生态村建设，在凝思求变中确实发展了海南省的经济，带动了乡村的配套建设，使乡村的面貌发生了很大的改变，农民的生活条件也大大提高了。乡村旅游业同文明生态村的有机结合与融合发展，成为海南省乡村旅游业的新亮点。

二、中部地区旅游业与乡村建设的融合发展

中部地区包括山西、安徽、江西、河南、湖北、湖南六个省份，地处中国内陆腹地，位于长江和黄河中游地段，起着承东启西、接南进北、吸引四面、辐射八方的作用。

中部地区坚持"三个基地、一个枢纽"建设，即粮食生产基地、能源原材料基地、现代装备制造及高新技术产业基地和综合交通运输枢纽；加强以武汉城市圈、长株潭城市群、环鄱阳湖城市群、江淮城市群、中原城市群等为核心的重点区域开发，实现重点区域率先崛起，进而带动整个中部崛起。该区旅游资源十分丰富，交通区位优势突出，经济基础也较雄厚，具有很大的发展潜力，为将旅游业培育成为该区第三产业的支柱产业奠定了良好的基础。

中部地区的旅游资源开发潜力巨大。从全国旅游资源的大分区来看，中部地区地跨中原古文化旅游资源区、华东园林山水旅游资源区和华中名山峡谷旅游资源区的结合部，是一个集山水自然景观以及中原古文化人文景观于一体的旅游资源荟萃之地。旅游资源在全国占有突出地位，列入王牌旅游景点和黄金旅游热线项目的数量均在全国前列。该区中低山地、丘陵覆盖面积大，特别是皖南、赣南、湘西、鄂西及大别山地区，是国家级、省级森林公园和自然保护区分布的主要地区，具备发展以回归自然为主题的生态旅游、探险旅游、休闲度假旅游和乡村旅游的良好基础。在国家中部崛起规划的政策背景下，随着环境保护、可持续发展、低碳生态经济等理念和政策

的提出与应用，中部地区的乡村旅游业迎来了发展的良好契机。

由于乡村旅游与其他形式的旅游有一些明显的区别，中部地区乡村旅游业的开发和利用结合其自身的特点，有针对性地把旅游业和乡村建设看作一个整体，结合起来融合发展，其特点可以总结为以下四个方面：

第一，东部地区的乡村旅游业发展结合当地的实际问题，借鉴了发达国家的成功经验，对症下药，使乡村旅游业呈现出新的发展态势。首先，把发展乡村旅游业纳入解决农村问题，推动农村持续全面进步的战略范畴，从政策层面进行有效推动。其次，突出强调保持乡村自然人文环境的原真性。乡村旅游与其说是在乡村空间里旅行，还不如说是在乡村概念中旅行。乡村魅力对于都市人群来说，或许并不是换一个"地方"，而是换一种体认"价值"，这一点在中部的乡村旅游业发展中得到了充分体现。中部地区参考法国、日本等一些旅游业发达的国家，在进行乡村旅游资源开发和规划时，非常重视在原有的一些遗址上进行复原和整修，尽可能保持其传统的、旧式的、古董的、原貌的民俗景点或博物馆，使之成为乡土式的综合博物馆。最后，中部地区的乡村旅游客源从区域性向跨区域、国际化方向转化。乡村旅游业在起步阶段，一般以近郊旅游为主，客源为附近的城市居民，区域很狭窄。随着乡村旅游产业规模的扩大，主要的乡村旅游目的地日益注重品牌建设，加大了宣传促销的力度，客源构成趋向多元，一些知名的乡村旅游目的地吸引了中远程的国内游客及境外游客。乡村旅游业的国际化随着全球化进程的加快而加快。中部地区很多省、市在发展乡村旅游业时融合了国际化发展和建设思路，并取得了一定的成效。

第二，中部乡村旅游结合生态旅游，走可持续发展的道路。乡村旅游是在返璞归真、亲近泥土的市场需求下兴起和发展起来的，强调的是乡土味、自然味和原生态，本质是生态旅游。中部地区在发展乡村旅游业的过程中，旅游管理部门重视防止标准化、商业化和城市化对"乡村性"的侵蚀。地方政府加强管理和引导，在建筑风格改造、公共厕所、停车场、垃圾处理、清洁能源等方面都严格控制，保持乡村气息，把公共设施设计成与乡村性和谐的形式，如"麦秸垛"式的停车场、豆栅瓜架下的餐厅、拱顶绿坡式的垃圾场等。为防止乡土文化的丧失，政府机构积极参与，对旅游环境意识进行有效的宣传，培养接待地乡村居民对当地社会和地方文化的自尊、自爱和自豪感，让乡村居民明白：农耕文化从社会发展阶段来说是落后的，但"人与自然和谐共存"的生活方式是人类共同向往的生存状态和生活时尚。

第三，中部的乡村旅游业重在发展新型旅游项目，增强旅游体验性，开发高质量、高层次的乡村旅游产品。中部地区在乡村旅游项目开发中通过丰富、生动的体验项目来满足游客的个性化旅游需求，如笨猪赛跑、野鸭放飞、松鼠散果等动物表演，以及田间放羊、放鸭，果园采摘，烧柴做饭，农家喂猪等特色农家劳作。同时，设计一些能使游客沉浸其中的深度体验项目，如推出"当一天农民""做一回渔夫"等旅游项目，让游客最大限度地与当地居民接触，了解与自己完全不同的生存方式。另外，中部的乡村旅游业还通过开发高质量的乡村旅游产品来适应市场，带动、引导市场需求向高层次发展。例如，在平安村、镇山村、周庄等乡村旅游目的地都表现出了"阳朔现象"的苗头。同时，中部地区在现代科技农业观光产品中，通过加强科普教育，使游客在旅游休闲的同时获得现代农业科技知识；通过开辟生态农业区，为游客提供充分的参与活动空间，培养扶植生态农业接待户，以旅游经济的拓展来保证生态农业的发展；在文化旅游资源丰富的老、少、边、贫地区，通过加强开发区的文化含量，增加度假型、参与型旅游产品的开发，适应日益扩大的国际市场需求。

第四，中部地区在乡村旅游发展中通过强调"人"的因素，不断建设系统全面的服务人员培训体系，提高服务质量和水平。相关部门通过规范调整，强化旅游服务意识，提高当地乡村旅游接待的整体水平。通过认真挖掘和总结地方民俗文化和风土人情，加强对本土民俗文化和风土人情的培训，突出服务的特色。使乡村旅游业与当地民俗风情和乡土文化实现有机结合，让中部乡村旅游文化品位和服务档次得以提高。

总之，在国家中部崛起规划的政策背景下，中部地区特别是安徽、河南等的乡村旅游走与生态旅游、文化旅游相结合的可持续发展道路，营造了良好的生态环境，同时强调挖掘民族文化中丰富的内涵，开发出了具有中国特色的乡村旅游项目，乡村旅游业与乡村建设在融合中不断发展。

（一）安徽省乡村旅游业的发展

安徽省的旅游资源十分丰富，其中 60% 以上在农村，80% 的游客到安徽省都选择乡村旅游项目。安徽省有世界自然和文化双遗产的黄山、佛家胜地九华山、革命老区大别山以及中国四大淡水湖之一的巢湖等风光秀美的山水旅游资源；有明清古村落宏村和西递、农村改革发源地小岗村等著名的历史文化村镇；有砀山梨园、长丰草莓园、大圩乡十里渔场等乡村田园风光，以及迪沟生态园、合肥大圩都市农业园等现代农业风貌；有当涂民歌、巢湖民歌、花鼓灯等民间音乐舞蹈，徽剧、庐剧、黄梅戏等传统戏剧，徽州三雕以及宣纸、徽墨等民间工艺。安徽省的乡村旅游充满了自然和历史的魅力，是整个中部地区乡村旅游业发展的重要省份。

早在 20 世纪 90 年代，安徽省就率先开展了"旅游开发扶贫"工作，涌现出黄山翡翠新村、颍上八里河等一大批"旅游富民"典型。经过多年发展，安徽省乡村旅游业逐步形成了景区依托型、都市依托型、交通枢纽型三大发展模式。从发展情况来看，皖南地区青山绿水、古迹众多，当地农民逐渐从"靠山吃山"转为"念好旅游经"，是景区依托型的代表；合肥周边的大圩、长丰、肥西等地依托"省会经济圈"的天然优势，打响草莓节、桃花节、葡萄节等乡村旅游品牌，是都市依托型的代表；合铜黄、合淮阜、沿江高速公路的沿途农户依托交通优势，兴办农家乐，是交通枢纽型的代表。

（二）河南省乡村旅游业的发展

河南省是我国的农业大省，乡村旅游资源十分丰富，是中部地区乡村旅游业发展较好的省份之一。该省乡村旅游资源与产品类型较丰富，其中发展比较好的类型主要有两种：一是乡村自然风光型，即乡村自然资源优势突出的地方，如洛阳栾川、济源、焦作、新乡等地；二是现代新农村型，即农村现代化建设比较好的地方，如"红色乡村"临颍县南街村、新乡市北站区（现凤泉区）耿庄村等。从地理分布上看，河南省乡村旅游景点主要分布在三种区位：一是都市郊区，如省会郑州市环翠谷、洛阳市南村、新乡市北站区（现凤泉区）等；二是风景名胜区的周边。如"中国农家宾馆第一村"的重渡沟、养子沟度假山庄七星园；三是边远贫困地区，如平顶山鲁山县四棵树乡张沟村、安阳的滑县等。在三种区位中景点分布最多的地方是城市郊区，如郑州、洛阳、新乡等大中城市的郊区。

河南省地处北亚热带和暖温带，地形大致分为山地、丘陵、平原（含盆地）三大类型，拥有丰富的农业资源和多姿多彩的民俗风情。复杂的地形条件、明显的过渡性气候，黄河、淮河、海河、长江四大江河水系的滋养，使全省形成了各具特色的农业生态类型及景观区域组合。动植物资源丰富多样，盛产多种温带水果和各种蔬菜及花卉，形成了各种生产示范基地。结合这一特点，河南省大力发展庄园式乡村旅游项目，并把互动式休闲农业活动融合到了乡村旅游项目中。河南省农业文化不仅地域特色明显，风格各异，而且乡土气息浓厚，民俗风情多姿多彩，对城市游客有着强烈的吸引力。

河南省乡村旅游业发展的陆空交通便利，区位优势明显，给乡村旅游业提供了重要的物质基础条件。河南省位于中国中东部，连南贯北、承东启西，是中国内陆交通运输的重要枢纽。铁路、公路、航空等交通条件一应俱全，四通八达的公共交通加上城市居民私家车的普及，为乡村旅游业的发展奠定了坚实的物质基础条件，开拓了广阔的市场空间。

河南省在发展乡村旅游业的过程中，摸索出了乡村旅游业与新农村互动发展模式，其发展趋势是主题化、休闲化、人文化和科技化。主题化，鲜明的主题有助于形成比较突出的市场形象；休闲化，人们日益增长的休闲需求推动观光农业休闲化发展；人文化，体现地域文化内涵、民族历史性、艺术品位；科技化，运用现代科技手段创造千姿百态的观光农业产品。

（三）湖北省乡村旅游业的发展

湖北省乡村旅游业发展迅速，伴随着乡村旅游需求的日益升温，全省主要乡村旅游景区已基本形成了食、住、行、游、购、娱为一体的产业综合发展体系。同时，在农村环境整治和基础设施完善的过程中，乡村旅游接待水平也有很大提高，乡村旅游业在产品类型和产品层次上也有了纵深发展，从过去单一的观光游览和餐饮娱乐产品形式，向观光度假、民俗宗教、购物娱乐、绿色生态、文化科教等多功能融于一体的产品格局发展。随着湖北省社会主义新农村工作的不断推进，湖北省乡村旅游环境得到了优化，各项配套服务设施也逐步得到了完善，各地政府通过主动发挥旅游产业优势，努力与社会主义新农村建设相结合，做到了旅游产业与乡村建设融合发展。

（四）湖南省乡村旅游业的发展

湖南省生态旅游资源丰富，人文历史悠久，文化产业发达。省内多山，地势南高北低，山地和丘陵占全省总面积的 2/3。湘西少数民族众多，拥有列入《世界自然遗产名录》的武陵源自然风景区，以及五岳之一的南岳衡山，自然景观众多，人文景观林立。由于历史原因，湘西众多的苗族和土家族村寨得以保留，形成了独特的原生态少数民族文化景观。在这些民族村寨中，处于原生状态的文化遗产与乡村自然环境相辅相成，对游客充满了神秘的吸引力。在长株潭工业化、城市化程度较高的地区，有沉淀深厚的湖湘传统文化，广大的乡村地区有众多历史人文景观，面向城市居民的休闲、度假型旅游有很大的潜在市场。

湖南省的乡村旅游大致可以分为三种模式，即依托城市的城郊型农家乐模式、依托大型景区的乡村观光与体验型模式和依托特色村寨及其群落的乡村深度体验型模式。依托城市的城郊型农家乐模式定位于为城市居民提供休闲的"后花园"，如益阳市开发的"竹乡农家乐""渔乡农家乐""樵乡农家乐"等农家乐旅游产品系列。在竹乡农家乐旅游产品中，突出"做客竹乡农家，亲近美好自然"的主题，吃的是竹宴，用的是竹家具，观的是竹海，购的是竹制品。这类模式一般为周末一日游或二日游，具有群体比较固定、重游率高、市场营销周期短等特点。

依托大型景区的乡村观光与体验型模式，主要是依托成熟景区的知名度设计乡村文化旅游项目，让游客在观赏知名景区的同时体验具有浓郁特色的地方乡村风情。如湖南省的德夯风景区的德夯村和凤凰、张家界风景名胜区。德夯壮美的自然景色、恬静的田园风光、独特的苗族民俗文化和农耕文化与张家界风景名胜区形成优势各异的旅游资源富集区。

此外，城市居民热衷于体验"乡情"和"乡念"，催生了依托特色村寨及其群落的乡村深度体验型模式。湖南省境内有很多本土文化保存完好、村寨周围环境宜人的村寨及其村寨群落，为湖南省发展体验式乡村旅游提供了很好的条件。如岳阳市的张谷英村、永顺县的王村古镇（又名芙蓉镇），这些地方通过保护性利用和开发，使历史文化资源和乡村旅游很好地融合在了一起。这种类型的旅游开发建设依托民族文化、地方历史文化的深厚积淀，一方面可以吸引求知欲强的城市居民参与；另一方面可以开展境外游客的乡村深度体验旅游，市场潜力巨大。湖南省为保护村寨及其群落的文化遗产免遭破坏，依托乡村的文化资源与环境资源，根据个性化的消费需求开发不同消费层次的旅游产品，同时严格遵循保护优先的原则，制定了相应的规划和设计标准。

三、西部地区旅游业与乡村建设的融合发展

西部地区包括重庆、四川、贵州、云南、广西、陕西、甘肃、青海、宁夏、西藏、新疆、内蒙古12个省、市和自治区，是我国少数民族聚集的地区。西部地区疆域辽阔，经济发展缓慢，但环境污染小，加之地形以山地、高原、丘陵为主，宜林（草）地广阔，林海莽莽，山石奇特，水草秀美，蓝天白云，旅游资源十分丰富，从沙漠绿洲农业到草原牧业，从平原种植到山区立体农业，从池塘、水库养殖到特色种植，一应俱全，可以满足发展形式和内容多样的乡村旅游产业的需求。此外，西部地区还是少数民族聚居区，多姿多彩的民间传说、民间工艺、居住文化、服饰文化、婚嫁习俗、祭祀文化、耕作文化等都具有潜在的旅游价值，对想了解中国传统文化的境外游客具有巨大的吸引力。西部地区大气、水土相对洁净，农产品多为无污染的绿

色产品，在旅游业与乡村建设的融合过程中，以农业为依托发展旅游业，利用农舍、田园、果园加以美化修饰，使乡村旅游资源开发成本相对较低，成为西部地区乡村旅游开发的经济优势。

西部地区是经济欠发达地区，是需要加强开发的地区。发展乡村旅游业作为西部地区实现农村繁荣、农业发展、农民增收的主要手段，成为西部农村经济发展新思路和西部农村经济结构调整的新途径。西部地区有丰富的乡村旅游资源，乡村旅游业的发展无疑会为西部经济的发展增添新的亮点。西部地区乡村的许多村寨本身就是一座座人文生态博物馆，具有很大的旅游开发价值，但旅游开发很有可能破坏原有的人文生态，从而失去民族文化的独特性。鉴于此，西部乡村旅游开发应坚持既要进行充分的开发利用，又要坚持人文生态的保护性开发的基本原则。

总的来说，与其他地区相比，西部地区的区位条件和旅游资源开发价值参差不齐，旅游基础设施建设也比较滞后，乡村旅游业发展形成了明显的西部特点，其中以四川和广西较为典型。

（一）四川省乡村旅游业的发展

四川省拥有良好的生态及旅游资源优势，随着城乡统筹建设的深入推进，乡村旅游产业的发展尤为迅速，形成了良好的以乡村旅馆、特色餐馆、观光农园、民族风情体验、乡村度假酒店、生态农业古村古镇为主的乡村旅游业态，在发展乡村旅游业方面前景广阔。20世纪80年代初，成都市开始发展农家乐旅游，成为中国较早开发乡村旅游业的地方。四川省的农家乐主要分布在大中城市的郊区。就整体而言，四川省农家乐为游客充分展示了川西坝子特有的田园风光、民俗风情和古老的巴蜀文化，具有浓郁的"川味"；就局部而言，它又凭借自然条件和区位的不同，形成风貌各异的特色类型，包括农家园林型、花果观赏型、古迹民俗型、特色饮食型、特色手工艺型、自娱自乐型、农业科技型和特色主题型。如成都郫都区的农科新村，在四川省最早开设了农家乐旅游项目，把花卉农业产业化与观光农业有机地结合在一起；内江的长坝山桃花观赏和森林旅游已初具规模；自贡三多寨的桃花、梨花颇负盛名；乐山的城市农业初露头角；仁寿曹家乡的梨花会，兼有观光和招商的功能；位于西昌市近郊的邓海太阳岛渔村，颇具地方特色。作为"中国农家乐发源地"的成都，从 2004 年 6 月 1 日起实施《农家乐开业基本条件》和《农家乐旅游服务质量等级划分》两项地方标准后，各地纷纷响应，积极依据该标准对农家乐进行改造和整治，已有一大批优秀的星级农家乐涌现出来。自从农家乐开始出现，四川省很快就成为全国农家乐旅游发展最快的省份之一，农家乐已遍布全省的 21 个州（市）。

四川省乡村旅游业的发展主要分为三个阶段：第一个是自发阶段（1987～1991 年），规模小，较分散。第二个是规模阶段（1992～2002 年），规模逐步扩大，功能逐步完善，分布趋于集中。在郫县（现郫都区）农科村的带动下，成都周边乡村纷纷发展农家乐旅游，从事旅游接待的农户迅速增加。第三个是规范阶段（从 2002 年至今），旅游氛围比较浓厚，旅游特色更加突出，旅游规范标准逐步建立和完善。

目前，四川省乡村旅游业的发展又呈现出三种不同的特点：一是城市依托型。依托大城市就近的客源市场，利用农村、农园的自然生态和乡村文化，从吃、住、游、购、娱等多方面满足城市居民周末休闲度假的需求。二是景区带动型。以重点旅游景区为核心，把旅游景区的部分服务功能分离出来，吸引和指导周边乡村的农民参与旅游接待和服务，从而带动景区周边乡村的旅游住宿、餐饮、购物及配套服务，拉动农副产品、土特产品销售，带动旅游景区周边农民就业和收入增加，形成旅游景区和社区经济的互动发展。三是特色村寨型。以特色村寨的生产生活、生活方式、民情风俗、宗教信仰及各种传统节日为特色，吸引广大游客和研究者前来观光游览、娱乐、学习以及研究。

四川省为促进乡村旅游业的发展，一直在实施乡村旅游业提升行动。一是扶持民族地区乡村旅游业发展，培育民俗特色浓郁、服务质量规范的民族旅游接待户，鼓励和扶持民族地区发展"牧家乐""藏家乐""彝家乐"，启动"百千万"牧（农、林）家乐工程。二是推动农家乐等乡村旅游模式标准化管理，开展星级农家乐等级标准制定与评定工作，在基础较好的地区评定一批星级农家乐，并争取将星级农家乐等级标准上升为地方标准。三是开展全省乡村旅游业发展的示范建设，全面推动乡村旅游业的提档升级，并在部分基础条件好、发展潜力大的城市郊区，如成都、眉山、遂宁等城市周边，探索并支持建设1～2个省级乡村休闲度假旅游区，打造特色乡村旅游度假。四是加强旅游人才培训，组织以乡村旅游、普通话、卫生健康、烹饪技术、接待礼仪等旅游服务实用知识和基本规范的培训。五是进一步强化全省乡村旅游业的品牌形象宣传，进一步提高各地乡村旅游产品的市场影响力和吸引力。此外，四川省还打造环城市"天府农家"、川西"藏羌风情"、川东北"苏区新貌"、攀西"生态农业"、川南"古村古镇"五大乡村旅游板块，实现从分散粗放的传统农家乐模式向集约、精细的乡村度假型乡村旅游模式转变，从单纯的农户经营向多元化投资经营模式转变，从比较单一的乡村观光旅游向观光与休闲度假并重转变，努力开创乡村旅游业发展的新局面，真正实现"以旅助农""以旅促农""以旅富农"。

与西部其他地区的乡村旅游业相比，四川省乡村旅游业具有以下特点：

第一，政府主导作用突出。各乡村旅游点在逐步发展壮大的过程中，政府的积极引导和宏观规划起到了重要作用。此外，通过政府投入少量启动资金与公司合作等方式，有效带动民间投资近亿元，带动了乡村旅游业的发展，取得了明显的经济效益。第二，四川省的乡村旅游业发展的富民增收效果明显，经济效益和社会效益突出，农家乐成为四川省地方经济新的增长点，也成为贫困地区农民致富的重要手段和重要的经济来源。各地通过积极发展乡村旅游业，不仅促进了农村经济收入的增长，更促进了农村精神文明的进步。第三，通过节庆活动大力推动乡村旅游业，同时很好地宣传了乡村，吸引了大批的乡村建设项目。节庆活动成为主要宣传推广的渠道，省内各乡村旅游点通过举办"梨花节""桃花节"等活动，提高知名度和影响力，吸引广大游客前往。节庆活动的成功举办有力地促进了农业与旅游业的有机结合，大大地推动了乡村旅游业的发展，促进了新农村建设。

（二）广西乡村旅游业的发展

广西 80% 以上的旅游资源在农村、山区和少数民族地区，发展乡村旅游业有着得天独厚的优势。近年来，广西通过创建全国农业旅游示范点，大力发展乡村旅游业，丰富旅游产品的类型，带动了农副产品向旅游商品的转化，改变了农村经济落后的面貌，促进了传统农业向旅游农业、传统农民向旅游从业者、传统居住型乡村向旅游接待型社会主义新农村的转变，使乡村旅游业真正成为富民、惠民、利民工程。如崇左市龙州县金龙镇板池屯村，山清水秀，竹木茂盛，有着浓厚而独特的壮族风情；独特的壮族侬侗节吸引了大量的海内外游客。

在发展旅游业过程中，广西积极引导农民参与旅游业，转移农村剩余劳动力，增加非农收入，融合的思想贯穿始终。经过多年的发展，广西已创建一批乡村旅游示范区、农家乐旅游点，直接从事农家乐的农民已达数万人，这些乡村旅游示范区（点）、农家乐旅游点每年接待游客数以万计，给当地的旅游业带来了极其丰厚的回报。

随着广西乡村旅游产品的丰富，旅游发展方向从单一走向多元，已形成了六类乡村旅游产品：①农家乐，如恭城红岩瑶族村；②民俗文化村寨，如宾阳蔡氏书香古宅；③集观光、体验、购物于一体的农园，如南宁乡村大世界；④高科技农业观光园，如广西八桂田园；⑤依托乡村名胜开展乡村旅游，如龙胜平安乡的平安壮寨，龙脊梯田稻；⑥融合当地乡村民族风情开展的乡村旅游，如阳朔高田镇栎村等一批乡村旅游精品线路不断面世。

目前，乡村旅游已成为广西旅游开发的一大特色，成为广西旅游业的品牌。乡村旅游业发展作为当地建设战略的一部分，得到了政府、企业和农户的积极响应。通过乡村生态旅游，并使之具备游戏、休闲、医疗、美化环境等综合功能，这是对工业化、城市化进程的一种转变，这是工业化、城市化和农业现代化高度发展以后对农业的一种探索，旅游业与农村建设融合发展成为旅游发展的新模式。当地乡村旅游业的发展，注重人与自然的和谐共生，推进资源的永续利用，实现了经济效益、社会效益、环境效益、生态效益的统一。

第四章 乡村振兴战略背景下乡村旅游业的基本理论研究

第一节 乡村振兴战略背景下乡村旅游业发展的途径

在乡村发展旅游业，对农村经济建设具有很好地推动作用，它能使农民致富，使农村产业升级，使农村更好地发展。想要实现乡村振兴，发展乡村旅游业是最佳方式之一。本节全方位分析乡村振兴战略背景下发展乡村旅游业的意义与条件，提出了发展中存在的问题，并总结出发展乡村旅游业的途径和保障措施。

一、乡村振兴战略背景下发展乡村旅游业的意义

（一）推动农业技术进步

在农村开发旅游业，建设旅游景点，可以很好地扩大旅游领域，加快农村经济的发展，还可以增强农业产业项目的旅游能力。想要发展农村旅游业，就必须改变传统的农业种植种类，引进观赏类植被，引进一些先进的科

学种植技术，这样就大大增加了农村旅游业的观赏类型。

（二）提高农民收入

推进乡村振兴战略的实施，大力开发农村旅游事业，可以把农民的性质从劳动类型转换成服务类型。这样不仅提高了农民的收入，还提高了农民的个人文化水平和生活水平。另外，发展乡村旅游产业就要开发相关的旅游项目，就需要占用部分土地，农民就会得到相应的补偿收益，同时也有利于农民身份的转换。

（三）加快建设美丽乡村的步伐

国家大力发展新农村建设，加大了对美丽乡村的建设，大力发展旅游业，可以促进农村进行景区化建设，改善农村公共服务设施，更有利于保护农村环境，有利于美丽乡村的建设。

二、乡村振兴战略背景下发展乡村旅游业的条件

想要发展乡村旅游业，就必须解决一些现实困难，这就需要政府部门大力支持。政府需要与开发商建立良好的合作关系，配备先进的旅游设施，改善乡村的基础条件，还要引进专业人员，提高乡村服务水平。想要发展乡村旅游业，就必须对当地特色文化进行提炼与整合，乡村特有的文化就是技艺和民俗习惯，可以把这些都统一起来进行创新和保护，运用更多的宣传途径推广当地特色文化，进而实现文化的传承，促进乡村繁荣，推动地区经济发展。

想要发展乡村旅游业，必须考虑产品、基础设施、人员和模式等因素。因此，必须采取五个方面的措施：创新旅游产品、完善基础设施建设、培养专业人才、统一管理模式和塑造品牌模式。这样，才能更好地发展乡村旅游业。

三、乡村振兴战略背景下乡村旅游业发展存在的问题

（一）对乡村旅游建设缺乏统一规划和管理，没有树立独特的品牌形象

在乡村振兴战略背景下，乡村旅游业也取得很多成绩，不过还存在很多问题。综合起来看，乡村旅游建设没有一个完整统一的规划，基本属于分散性开发，没有统一的布局；旅游项目没有明确的主体。这样造成的后果就是建设水平落后，重复建设严重，旅游设施和公共服务设施不足等。由于这些问题的存在，很难将乡村旅游业塑造成独特的品牌形象。

（二）乡村旅游产品缺乏特色，同质化特点严重

现在大多数乡村旅游项目都很相似，处于比较低级的发展水平。旅游产品单一，普遍以农家乐和民族菜品为主；旅游活动多数以采摘、观赏和钓鱼为主。在传统的农业活动中，农耕文化和民俗文化涉及的活动很少。在旅游特色产品销售上，还是普遍的自产自销模式。这是一个很初级的状态，没有打造出具有农耕文化特色，适合旅游类型的产品。

（三）缺乏乡村旅游管理方面的专业人才，旅游项目没有创新性

从乡村旅游业的发展现状来看，旅游业发展不足的原因在于没有创新项目，一直保持陈旧的农村旅游项目。总体来说，还是由于专业人员极度缺乏。乡村旅游业想要健康、可持续地发展下去，对专业人才的需求量很大。目前的状况就是，人才需求和人才培养不成正比，在专业人才培养上没有统一、专业和系统的培训机构；从业人员基本是本土人员，专业培训没有深入

到农村，造成旅游从业人员素质偏低。

四、乡村振兴战略背景下乡村旅游业发展的途径

（一）大力发展生态化旅游

要更好地发展乡村旅游业，就必须开发更多的发展空间，而乡村文化作为旅游发展的核心，更是组成中华民族文化的重要部分，这就是一个好的发展方向。因此，要结合当地的自然条件和资源特色，根据市场需求，重点宣传特色文化和自然风光，创新一些丰富多彩和特色文化鲜明的旅游产品，发挥出农村特有的生态和文化资源优势。重要的是要解决交通问题，改变农村周围道路状况等问题，加快发展生态乡村旅游文化建设。

（二）积极开发乡村休闲观光农业

利用农业景观资源和生产条件，发展观光休闲旅游的方式就是休闲农业，这是一种新型的农业生产形态。休闲农业的特点包括深度开发农业资源的潜力、改变农业发展结构、改善农业生产环境和增加农民收入。我国农村土地广阔，最具自然风光。在乡村振兴战略的推动下，可以更好地利用农村特色建立新型的旅游项目，努力发展休闲农业，让游客可以在游玩的过程中集观光、采摘和体验耕作活动于一体，这样能更好地满足他们了解农民生活和享受乡土情趣的需求。除此之外，还需要建设配套的住宿和度假项目。乡村休闲旅游就是充分利用农业生产过程、农民生活和农村生态，利用一些先进的科学手段，为游客提供全面的服务。

（三）开发乡村景观农业

乡村旅游项目包括景观农业项目，这个旅游方向的发展，体现了乡村旅游业在不断创新。这个项目主要是保存农业体验，以田园风光为基础进行开

发，设计建设具有农村特点的景观，从而使乡村旅游更具特色。

（四）升级农产品，为旅游产品服务

依据乡村振兴战略，不断增加乡村旅游的产品，打造出具有乡村特色的新业态，按照不同主题来打造乡村旅游目的地和精品旅游路线，建设具有乡村特色的民俗和养生基地，提供不同的旅游产品，增加更多新型服务。同时，对农村一些农作物进行开发和创新，这样才能提高旅游的看点和观赏价值。

五、乡村振兴战略背景下发展乡村旅游业的保障措施

（一）政府部门的大力支持

在发展乡村旅游业的过程中，政府要大力支持。在乡村振兴战略背景下，每个地区都要保证乡村旅游业能够良性地发展下去，相关部门应该制定出相关的制度，对地区旅游业进行统一管理和统一开发。同时要保证乡村旅游用地、财政和扶持政策实施到位，对税收优惠政策进行落实和监管，放宽支持乡村旅游业的经营主体条件，对一些相关手续简化处理。

（二）解决资金短缺问题

乡村振兴战略的制定是乡村旅游业发展的依据，更带来了促进乡村旅游业发展的机会。但是，在乡村发展旅游业，需要投入大量的财力、物力和人力。而当下乡村旅游业存在一个现实问题，就是在资金方面的投入不足，这就需要在政府的支持下，大力招商引资，增加个人投资项目，加快农村融资，尽快解决乡村旅游建设中资金不足的问题。

（三）加大对专业人员的培训力度

在乡村发展旅游业，就要认清乡村经济发展落后、基本设施不完善和缺少专业人员的现实。专业人员的缺乏导致的后果是从业人员旅游服务意识欠缺，这个因素很不利于乡村旅游业的发展。因此，想要发展乡村旅游业，就需要加大对专业人员的培训力度。可以利用农村本地人员进行就地培训，组建一支高素质的乡村旅游服务队伍。

在乡村振兴战略背景下发展乡村旅游业，就需要充分把乡村的自然风光、特色文化和特色农作物结合起来，把乡村旅游内容丰富起来，尽可能地发掘可发展的项目，实现乡村旅游的观光价值和文化传播价值。

第二节　乡村振兴战略背景下乡村旅游业
发展的新路径

乡村旅游业与乡村振兴战略存在着耦合联动关系，乡村旅游业落实乡村振兴战略，乡村振兴战略助推乡村旅游业发展。自 20 世纪 80 年代以来，我国乡村旅游业先后经历了从无到有、从弱到强、从小到大、从一元到多元、从自发到自觉、从无序到有序、从异步到同步的发展历程。

党的十九大报告明确指出，中国特色社会主义已经进入新时代，我国社会的主要矛盾也发生了重大改变。城乡发展失衡和农村积贫积弱的现实是决胜全面建成小康社会与实现中华民族伟大复兴的最大障碍，基于此，乡村振兴战略得以实施。实现乡村振兴，关键在于大力发展乡村产业，不断推动乡村生态资源向乡村经济产业转化。乡村旅游业不仅是乡村振兴的关键内容，还是乡村振兴的发动机和助推器。作为乡村产业的新生形态，乡村旅游业和乡村振兴战略互相兼容、相辅相成，在自然生态环境保护、农村基础设施建设、农业多种功能转换、拓宽农民就业途径、城乡要素多元流动等方面发挥着不可替代的作用，应为乡村振兴的主体产业。当前的时代背景下，乡村旅游业唯有抓住乡村振兴战略的时代背景与政策机遇，迎势而上，主动作为，积极转型，才能更好更快地发展。

一、乡村旅游业与乡村振兴战略的耦合联动

（一）乡村旅游业落实乡村振兴战略

乡村旅游业将乡村生态资源与各种旅游形态相结合，通过农业产业化，催生出绿色饮食、民宿游、风情文化、农家乐等多种旅游业态，从而带动农民进步和农村发展，从多个方面落实乡村振兴战略。

一是乡村旅游业有利于优化调整农村产业结构，拓宽农业功能。在乡村旅游业巨大经济利益带动下，传统农业单一的种植功能的经济根基不断丧失，多种功能业态并存的现代农业逐渐形成，开发出原始部落游、假日乡村游、采摘瓜果游、垂钓鲜食游、休憩养生游、运动健康游、民俗体验游、劳作教育游、低碳体验游等多种新兴的旅游项目，改进农业的传统业态，不断推进农村产业的优化升级和结构调整。

二是乡村旅游业有益于打造生态宜居之所，建设美丽乡村。乡村旅游业的兴起与发展，一方面离不开绿色健康的自然生态环境和浓郁舒心的乡土人文风情，另一方面还需以完善农村基础设施和良好畅通的交通条件为依托。乡村旅游业的发展不仅能激发农民保护自然地理生态环境和社会人文生态环境的积极性与主动性，还能够助推农村交通运输条件的改善和基础设施设备的健全，从而有益于美丽乡村建设。

三是乡村旅游业有助于延续乡土文化，培育文化乡村和文明乡民。乡土文化是乡村的灵魂，乡土文化的保护与传承是乡村振兴战略的重要领域与核心环节。乡村的衰落不仅表现在外在的房屋瓦舍、道路田野的颓败与荒芜，更是体现于内在的乡土文化的危机、民俗风情的消亡、传统故事的遗忘、能工巧匠的流失等方面。乡村旅游属于市民高层次的精神消费，乡土文化作为乡村精神的集中表达与外部呈现，备受游客青睐，理应成为最宝贵的乡村旅游资源。发展乡村旅游业，需要乡民增强传统乡土文化自信，主动承担起保护、传承和创新优秀乡土文化的重任。

（二）乡村振兴战略助推乡村旅游业的发展

根据《中共中央国务院关于实施乡村振兴战略的意见》，乡村振兴须依托绿色生态发展理念，充分发挥旅游产业的经济效益，大力发展乡村旅游业，实施乡村旅游精品工程和农业休闲观光、健康养生、民俗村落等特色项目，不断推动资源融合和产业转型升级，寻找乡村发展的新动能。乡村振兴战略为乡村旅游业的发展提供了良好的发展环境和坚实的政策保障，使乡村旅游业迎来了难得的发展契机。

一是乡村振兴战略有助于保护健康宜居的自然生态环境，助力乡村旅游业发展。相比于城市，乡村最大的资源优势和宝贵财富在于自身拥有生态宜居的自然环境，这是乡村的竞争力所在，是吸引大量游客到来的必要条件，也是乡村旅游业兴起、发展的基础与前提。乡村振兴战略倡导乡村绿色发展，禁止触碰生态红线和环境保护的道德底线，坚守"绿水青山就是金山银山"的发展理念，致力于经济发展与环境保护的共赢，这必将有利于保护乡村的自然环境，不断优化乡村的产业结构，从而进一步推动乡村旅游业发展。

二是乡村振兴战略有助于完善农村公共服务体系，切实保障乡村旅游业发展。作为一种新兴的产业形态，乡村旅游产业是一项集吃、住、游、玩、行、购等于一体的综合性产业。乡村旅游业的快速发展与健康运行离不开完善的基础设施、良好的公共服务、便利的交通条件、和谐的人际关系、健全的信息网络、精良的专业人员、科学的管理组织、充裕的资金保障等诸多因素。乡村振兴战略指明，要坚定不移地走中国特色社会主义乡村振兴道路，坚持农业农村优先发展，着力解决好"三农"问题，拓宽农业产业发展前景，增强农民职业吸引力，建设美丽乡村，并"通过资金投入、要素支持、人才支撑、队伍优化、公共服务完善、领导干部配备等多方保障，弥补农业农村发展短板"，从而实现乡村振兴。乡村振兴战略的实施，不仅给乡村旅游业发展提供了强力的政策支撑，还为其带来了资金、人才、设施、服务等良好的条件保障，确保乡村旅游业绿色、健康、持续快速地发展。

二、我国乡村旅游业发展的历史变迁

（一）农家乐形成：乡村旅游业的起步阶段（1988 年～1999 年）

乡村旅游作为一种旅游形态，起源于 19 世纪的欧洲。相比国外，我国乡村旅游业起步较晚，其萌芽可以追溯至 20 世纪 50 年代的山东省石家庄的外事接待。正式的现代乡村旅游业起步于 20 世纪 80 年代末期，以 1988 年深圳首届荔枝节的成功举办为标志。改革开放初期，个别临近新兴工业城市与发展较快城市且景色优美的农村地区依托自身资源，自发组织并实施了乡村旅游活动，逐渐出现了休闲观光、田园风情、农家乐等旅游业态。当时，处于改革开放前沿阵地的深圳为了吸引更多投资，尝试举办了首届荔枝节，不久又策划了采摘活动，收获了巨大的经济效益。此后，全国多地不断效仿，争相创建特色鲜明且充满乡土风情的休闲观光旅游项目，乡村旅游业遍地开花，逐渐造就了一批闻名四方的乡村旅游示范点，如四川成都龙泉驿书房村的桃花节、贵州的民族村寨游等。乡村旅游业从民间自发组织起步，引起了政府的重视。政府的介入使得乡村旅游业走向了规范化的管理阶　段，一改之前的无序混乱，追求规范科学，乡村旅游业逐渐做大做强。1998 年，国家旅游局依托乡土情怀深挖农家特色，大力推出农家旅游主题项目；1999 年，国家旅游局再次提出并举办生态旅游年主题活动，倡导人们提高环保意识，助推乡村旅游业可持续发展。乡村旅游业逐渐由自发走向自觉、从被动走向主动。

（二）民宿游兴起：乡村旅游业的发展阶段（2000 年～2010 年）

随着经济的发展与收入的提高，人们对乡村旅游的需求不断变化，乡村旅游业赢得了巨大的发展空间。2000 年以后，我国的工业化与城市化进程提档增速，劳动力转移迫在眉睫，大量农民纷纷进城务工，开阔眼界，增长见识。2008 年，世界经济危机的发生，使农民工进城打工与回乡就业或自主创业同时并存。个别有经济头脑的农民工凭借其进城务工所获取的资金积累，及其对市民旅游消费需求的了解，借助政府的政策引领与技术支持，尝试返乡创业，开发乡村旅游业。此外，城市化进程的加快，使众多市民精神压力增大，生活质量下降，渴望拥有舒适安宁、释放压力的机会。而乡村人的亲近自然、安静和谐、至朴至简、悠然安逸的生活方式，正切合市民的旅游需求，乡村旅游自然成为首选。与出国或出境旅游相比，就近的乡村旅游因其自由灵活、交通便捷、手续简单、费用低廉、绿色低碳等特性，备受游客青睐。从旅游业态的核心构成看，这一阶段的乡村旅游业突破了起步阶段的农家乐模式，新增了民宿游业态。相比初级简单、机械僵化、临时过渡性的农家乐旅游模式，民宿旅游是一种集休闲娱乐、休憩度假、健康养生于一体的更高级的旅游业态。在民宿旅游的视域中，乡村中的一山一水、一花一草、一果一蔬、一砖一瓦、一风一俗等，皆为旅游资源，极大地丰富了旅游产品，拓宽了乡村旅游业的发展空间。

（三）多元业态并存：乡村旅游业的快速发展阶段（2010年以后）

2010年以后，随着人民收入和生活水平的进一步提高，我国乡村旅游业步入了"快车道"，进入了全面快速发展时期。近年来，政府对乡村旅游给予了高度重视与强力扶持，出台了许多政策文件。如2016年发布的《关于落实发展新理念加快农业现代化实现全面小康目标的若干意见》规定，各地应根据自身的实际情况，依托本地特色资源优势，采取多种方式和多种途径，合理规划、科学调控、全面引导乡村旅游发展，着重发展乡村旅游业；2017年发布的《中共中央国务院关于深入推进农业供给侧结构性改革加快培育农业农村发展新动能的若干意见》，同样对乡村旅游发展给予了极大关注，明确提出了乡村旅游发展应坚持同步发展、一体化发展的基本理念，遵循融合发展的基本思路，尝试开展"旅游+""生态+"等多种运作模式，大力促进农林、教育与文旅等多种产业之间的深度融合与创新发展，丰富乡村旅游资源，大力发展乡村旅游产业；党的十九大提出了乡村振兴战略，再次明确乡村旅游在转变农业经营方式、优化农业结构、增加农民收入、重塑农村格局、实现农村繁荣等方面起着不可替代的作用，各级政府应高度重视和积极扶持本地乡村旅游业。与此同时，乡村旅游业市场不断繁荣。据国家旅游局数据显示，2015年乡村旅游共接待游客约高达22亿人次，旅游创收约至4400亿元，相关从业人员约790万人，其中，农民从业人员占据630万人，累计550万农户受益；2016年乡村旅游累计接待各地游客21亿人次，营业创收高达 5700 亿元，相关从业人员约 845 万人，共计 672 万农户受益。从旅游业态的主要构成看，这一阶段的乡村旅游业突破了农家乐、民宿游等单一的旅游模式，开发出森林观光、溪河垂钓、田野采摘、徒步攀岩、山地骑射、劳作教育等多元旅游业态，加速了乡村旅游的全面发展。

三、乡村振兴背景下乡村旅游业发展的路径转型

（一）从"重金山"到"重青山"：树立绿色发展理念

人类文明历经黄色的农业文明与黑色的工业文明，逐渐过渡到了绿色的生态文明。坚持绿色发展，走向生态文明，不仅是时代的要求，更是历史的必然。历届中央政府都高度重视环境保护与生态文明，2013 年习近平总书记明确提出了我国的绿色发展理念："我们既要绿水青山，也要金山银山。宁要绿水青山，不要金山银山，而且绿水青山就是金山银山。"发展农业与工业经济需要树立绿色发展理念，发展旅游经济更要将这一理念贯彻到底。乡村振兴一定要绿色振兴，乡村发展亦要可持续发展。乡村旅游作为乡村振兴的重要一环，只有树立绿色发展理念，才能获得源源不断的发展动力；只有保护好乡村自然生态环境，才能保护好乡村的生产力；只有不断改善乡村自然生态环境，才能更好地发展乡村生产力、实现乡村振兴。绿水青山是农村的核心竞争力所在，是农村最为基础、最为重要的旅游资源，是吸引游客前来旅游的底色和保障，是发展乡村旅游业的前提和基础。长期以来，乡村旅游业往往存在盲目发展、过度开发、污染环境、破坏生态等诸多问题，这种拿绿水青山换金山银山的做法无异于竭泽而渔，是不可持续的。当下，发展乡村旅游业，实现乡村旅游业的绿色、生态、健康和可持续发展，离不开良好优美的自然生态环境。只有优先保障绿水青山，才能在乡村旅游中获取

更多的金山银山。

（二）从"卖风光"到"卖风情"：注重自然与人文的并存

在旅游学与地理学视域中，风光和风情内涵迥异。风光特指自然风光，常常用来形容原始的或保留完好的未被人为开发、破坏的自然景象，如高山峻岭、深沟险壑、湖光山色、悬河瀑布等；风情则侧重于社会人文景象，在自然风光之中注入了人文因素，体现了人类积极作为、认识自然、改造自然的主观能动性。自然景观与人文景观共同构成了乡村旅游景观，是乡村旅游业的宝贵资源。发展乡村旅游业，离不开自然景观与人文景观的有效契合。

然而，自然景观与人文景观孰轻孰重？对于乡村旅游业而言，自然景观只能够满足游客最基本、最低层次的消费需要，而人文景观能够满足游客深层次、高级别的消费需要。乡村的自然景观是固有的、无法改变的，具有很大的限定性，使得乡村旅游业的发展表现出很大的局限性。而乡村的人文景观是人为的、容易改变的，具有很大的可控性，为乡村旅游业提供了无限的发展空间。自然景观欠缺的乡村也能够充分发挥主观能动性，积极作为，通过打造人文景观，发展乡村旅游业，从而契合全域旅游的发展理念。当下，乡村旅游仅凭良好的自然生态环境取胜的时代早已过去。面对激烈的旅游市场竞争，乡村旅游既要保护环境，维护生态平衡，更要积极作为，努力开发具有特色的体现本土人文气息的旅游产品（如山地运动、野外求生、摄影写生、劳作竞赛、攀岩探险、水上漂流、健身养生等），才能创收致富，以更好更快地实现乡村振兴。

（三）从"种庄稼"到"种文化"：坚持融合发展原则

旅游是一种心灵的体验，旅游的灵魂和根基在于文化。离开文化发展旅游，犹如离开商品发展商业，灵魂不在，根基不存，必将无法发展。文化是旅游走向繁荣发展的关键，任何对优秀文化的保护与传承都是对旅游自身的保护与发展；反之，任何对优秀文化的遗弃与伤害都是对旅游自身的遗弃与削弱，乡村旅游亦不例外。因此，乡村旅游业应该改变长期以来的传统发展模式，从根本上重视文化建设，保护并深入挖掘本地优秀传统文化，创新开发出形式多样、内涵丰富、特色明显的文化产品，形成"种文化"的发展模式。

这要求乡村旅游坚持融合发展的基本原则，推动更多资本、技术、人才等要素向农业农村流动，形成现代农业产业体系，促进第一、第二、第三产业融合发展，进而促使乡村由单一的农业经济向多种产业融合并存的多元化经济转化，拓宽并优化乡村产业结构，全面实现乡村振兴。乡村文化的种类有很多，既包括传统历史文化，如民俗风情、古村落（寨）、古民居、古祠堂、古牌坊、古道路、古桥洞、古碑亭、古器具、传统民艺、传统戏曲、民族舞乐等；又包括现代新兴文化，如劳作竞赛、美食大赛、才艺比拼、欢庆丰收节等。

从"种庄稼"到"种文化"的转变，要求我们既保护与传承传统历史文化，又重视与发展现代新兴文化。一方面，挖掘优秀传统文化，注重文化传承与创新，将那些濒临消失的风土人情、传统礼仪、老房子、旧村寨、旧家具、传家宝、看家绝活等以活态方式保护起来，不断进行传承与创新；另一方面，拓宽农业附加值，注入"种庄稼"的过程体验，如举办插秧比赛、秋收比赛、最大果实评比、美食文化节等，通过主题开发、文化展示、网络营销等方式推向市场，提高乡村的知名度。

（四）从"当配角"到"唱主角"：遵循农村发展规律

农村是农民的村庄，农民是农村的乡民。农村是属于农民的，农民亦是归于农村的。农村与农民不能分离亦不可分离，两者息息相关、荣辱与共。

实施乡村振兴战略，发展乡村旅游业，必须走近农民、信任农民、依赖农民与服务农民，充分调动与发挥农民的积极主动性，遵循农村发展规律，融合多种产业，优化农业结构，始终把农民的利益置于首位。

乡村旅游业发展不能以任何理由与借口将农民拒之门外，更不能以规划、投资、开发为由损害农业的发展、牺牲农民的利益。在乡村旅游业开发中，要坚决杜绝排斥农民、破坏农业等现象。黄山学校旅游学院副教授郭倩倩认为，乡村振兴战略呼唤着一切有利于乡村发展的要素但要尊重农民的主体地位，遵循乡村发展规律，资本下乡不能替代老乡。她举例说，现在有些地方把传统村落里的老百姓迁出去，把房子租给外来人或由公司经营，雇一些人"表演性"地再现传统文化与乡村技艺，或者破坏地形地貌和景观生态，大兴土木再造景点，这些做法均与乡村振兴战略的理念背道而驰，也难以做到乡村文化的保护、传承与创新，更无法实现乡村旅游业健康、绿色与可持续发展。农业、农村与农民融合统一于乡村文化之中，构成了一个三位一体、无法分割的系统。脱离了农民，乡村旅游必将变得空洞单调，矫揉造作，流于形式，丢失根基，也失去了持续发展的生命力。

农民在农村开展农业劳动的生活过程，可以转化成旅游服务和开发经营的过程，唯有将二者有机结合为发展共同体与利益共享体，才能充分激发农民参与旅游开发、传承乡土文化的主动性和积极性，从而实现乡村旅游业发展的良性循环。

第三节　乡村振兴战略背景下乡村旅游的
智力扶贫

　　旅游扶贫是推进乡村振兴战略实施的重要路径之一。因为乡村居民普遍存在旅游开发与经营管理专业知识和能力方面的不足，所以旅游智力扶贫是乡村旅游扶贫工作中的关键问题。在乡村振兴战略背景下，乡村旅游智力扶贫的关键内容应该包括三大方面：强化乡村居民通过发展旅游业而致富的思想意识、帮助乡村居民领悟通过发展旅游业致富的成功要诀、使乡村居民掌握通过发展旅游业致富的具体技能。乡村旅游智力扶贫的实施路径为：通过旅游景区带动乡村社区发展、通过旅游发展带动乡村居民致富和实施旅游人才注入政策。

　　从"社会主义新农村建设"到"美丽乡村建设"，再到"乡村振兴战略的提出与实施"，乡村地区一直是我国发展建设的重要组成部分，也是我国全民脱贫致富的关键所在。2017 年党的十九大报告中，乡村振兴战略被作为国家战略。2018 年初，国务院颁布了《中共中央国务院关于实施乡村振兴战略的意见》，开始在全国范围内大力实施乡村振兴战略。随后，国家出台了《关于支持深度贫困地区旅游扶贫行动方案》，聚焦深度贫困地区，切实加大了旅游扶贫的支持力度。在这样的国家战略背景下，乡村旅游迎来了前所未有的发展机遇。大力发展乡村旅游不仅是深入贯彻落实乡村振兴战略的有效路径之一，也是贫困乡村地区脱贫致富的重要手段之一。当前，我国乡村地区的旅游扶贫工作受到各级政府的高度重视，旅游扶贫已经成为我国脱贫攻坚、实现乡村振兴的有生力量。在众多乡村旅游扶贫手段中，旅游智力扶贫成为关键所在，并且已经成为乡村居民彻底脱贫致富和实现乡村振兴的重要推手。

一、乡村振兴战略背景下乡村旅游智力扶贫的重要性

　　根据国家关于乡村振兴战略的部署，各主要部门、各级地方政府纷纷制定区域性乡村振兴战略，使乡村振兴战略思想细化到各乡村地区，渗透到各个乡村产业，为解决以往的城乡发展不平衡、农村发展不充分、农民的美好生活需要未得到满足等问题带来了广阔的前景。旅游业具有产业关联性广、综合带动性强等产业发展优势，以乡村旅游发展助推乡村振兴战略的推进与落实，成为很多乡村地区的首选。乡村旅游业的长远发展离不开旅游开发和管理人才，在贫困乡村地区开展旅游扶贫工作更离不开当地居民的旅游开发和经营管理能力。目前，乡村居民普遍缺乏旅游开发与管理方面的专业知识和能力，他们在旅游发展实践中常常处于不利地位。很多乡村居民想进行投资，但是由于不懂旅游开发、不懂旅游经营管理，就出现了"赢得起、输不起"的心态，不敢轻易向乡村旅游产业投资。

　　乡村旅游扶贫的重点不应仅仅是资金扶持和物质支持，关键在于实施"开发式"扶贫，即帮助乡村居民提升旅游开发和运营方面的能力，通过旅游智力扶贫让他们更愿意积极主动地参与乡村旅游产业开发。政府不应直接把资金交给有意愿开发旅游的农民，而应该帮助他们学习乡村旅游开发和运营的科学方法，让他们懂得乡村文化旅游、社区旅游开发、优质旅游接待、增强游客的旅游体验、优化旅游人文环境和旅游地形象等基本原理。只有提升了乡村居民的旅游生产软实力，切实提升其旅游经营水平和收益水平，才能真正贯彻落实乡村旅游发展，助力乡村振兴战略实施。

二、乡村振兴战略背景下乡村旅游智力扶贫的关键内容

乡村振兴战略实施的关键，在于抓住"人、地、钱"三大关键要素。人就是乡村居民，即农民；地就是土地、村庄、农田农业；钱是指公共财政和社会资源向"三农"倾斜。在乡村振兴战略背景下实施乡村旅游扶贫，关键点在于抓住"人"这一核心要素，进行旅游智力帮扶。旅游智力帮扶也要抓住关键点，掌握关键的智力帮扶内容，只有找对抓手，才能达到预期的扶贫效果。从总体上看，乡村旅游智力扶贫的关键内容应该包含三大方面：一是在精神层面，强化乡村居民通过发展旅游业致富的思想意识；二是在宏观层面，帮助乡村居民领悟通过发展旅游业致富的成功要诀；三是在微观层面，使乡村居民掌握通过发展旅游业致富的具体技能。

（一）精神与观念层面：强化乡村居民通过发展旅游业致富的意识

旅游智力扶贫的第一步是触发乡村居民的"思想革命"，实施"精神扶贫"，让他们更新传统的思想观念，相信"发展旅游业可以致富"。乡村旅游扶贫从本质上看是依赖社会各界力量的扶持，使乡村地区居民利用本地资源、区位、市场基础发展地方性旅游产业，带动本地经济与社会发展，实现脱贫致富的目标。精神扶贫重在使乡村居民树立"发展旅游业可以脱贫致富"的信念，积极主动参与发展旅游业，并且力争成为旅游接待的主导力量。第二步是需要让乡村居民认识到"发展旅游业是必须用心的"，让乡村居民在宏观上认识到发展旅游业看似简单，而成功的关键在于是否用心经营。乡村旅游参与者必须有强烈的旅游市场意识、诚信经营信念和可持续发展理

念，在价值观念上认同旅游业是一个需要用心经营、科学合理开发与经营才能致富的行业。

（二）宏观层面：帮助乡村居民领悟通过发展旅游业致富的成功要诀

在形成通过发展旅游业致富意识的基础上，乡村居民还必须在内心深刻领悟成功要诀，也就是懂得如何发展旅游业才能获得成功。

首先，乡村居民必须认识到旅游消费属于精神消费，游客购买的是"旅游消费经历和体验过程"。游客首先看重的是消费过程中的心情体验，而不是有形实体。

其次，乡村居民要懂得通过塑造"个性和新奇"的旅游体验来吸引游客，既体现在差异化上，也体现在不断变换花样，常变常新，不断为游客创造不同的旅游体验。要达到这样的效果就必须不断进行自我创新，避免抄袭复制，杜绝雷同。

再次，乡村居民必须理解全域旅游环境对游客消费体验的重要影响。乡村地区的自然环境和人文社会环境不仅是乡村旅游发展的基础依托，同时也是乡村旅游整体产品的构成元素。

最后，乡村居民必须坚持诚信经营、坚持可持续发展。乡村旅游地短暂的成功并不能从根本上实现旅游脱贫，也难以实现持久的乡村振兴。只有在精神上坚持可持续发展理念，在行动上坚持诚信友善经营，才能实现乡村地区的长久振兴。

（三）微观层面：使乡村居民掌握通过发展旅游业致富的具体技能

在真正领悟通过发展旅游业致富的成功要诀基础上，乡村居民还必须掌握旅游开发与运营的具体技能，知道"具体该怎样开发旅游业"。

第一，乡村居民应该掌握旅游开发手段，学会打造乡村旅游特色。每处旅游地都有其独特的资源要素。只有将这些独特的自然或者人文要素合理地挖掘利用，通过实施文化旅游、创意旅游和主题旅游，实现农旅融合，形成独特的旅游文化 IP（Intellectual Property），才能产生持续不断的旅游吸引力。IP 是文化积累到一定量后所输出的精华，有属于自己的生命力。文化旅游形式更具可持续性，将文化资源转化为旅游产品，更易获取文化附加值；将乡村文化和创意产业深度融合，引导游客参与互动，更易强化旅游体验深度。每个村落或者社区围绕自身文化元素、地脉和文脉，打造一个特定主题的旅游区，更易形成个性鲜明的特色化旅游 IP。依托简单鲜明、有特色元素和符号的地方文化，很容易打造出具有排他性和独特性的旅游 IP。在进行旅游开发时，应该尽可能实现农业、文化、旅游的全面融合和全域融合，大力发展乡村旅游业，提升文化旅游业态，产生最广泛的产业拉动效应。同时，在创意化和主题化的前提下，对具体内容形式实施"常变常新"的策略，这样可以拥有持久的旅游吸引力和生命力。例如：一个村庄可以围绕"一个故事"展开旅游开发，在具体的活动设计中，应该多增加"手工坊"之类的主客互动、全身心体验型项目。乡村旅游项目的设计重点不在于高端，而在于有体验、有主题、有差异。

第二，乡村居民应该掌握旅游接待技能，保证旅游接待的服务质量，力争提供优质旅游服务。旅游接待过程同样属于游客的旅游体验内容，其重要性不亚于旅游项目的吸引力。如果乡村居民只会进行旅游产品开发而不会经营，那么乡村旅游就不会有持久的生命力。乡村旅游经营者必须秉承诚信友善的经营理念，在主客互动、服务内容、服务质量以及自身的言谈举止等方面，充分展现优质旅游的场域氛围，将游客现场体验的过程视为旅游营销的过程，不断提高游客的满意度。这样不需要投入太多的营销成本，就能产生"酒香不怕巷子深"的营销效果。

三、乡村振兴战略背景下乡村旅游智力扶贫的实施路径

（一）通过旅游景区带动乡村社区发展

旅游景区带动乡村社区的发展演化可分为四个阶段，也可以理解为四种发展水平。第一阶段为当地居民到景区就业阶段；第二阶段为乡村居民自主创业阶段，包括依托当地景区进行依附式创业和自主创建旅游社区两种情况；第三阶段为景区主导下的景区与社区合作阶段，包括景区企业到乡村社区投资，进而创建旅游社区及景区与社区建立不平等合作关系两种情况；第四阶段为景区与乡村社区平等合作双赢阶段。可以看出，这四个阶段是伴随着乡村居民的旅游致富思想成熟而逐步演化升级的。目前，在不同的乡村地区，乡村居民通过旅游业致富的智力和能力各有差异，适合采用景区带动乡村社区发展的形式也各不相同。在乡村振兴战略背景下，当地政府部门必须发挥主导作用，根据本地实际情况形成相应的双赢机制，出台奖惩政策，推动旅游景区带动乡村社区协同发展，也可以使乡村居民就近学到基本的旅游开发与管理知识。同时，政府应该确保避免出现当地居民被"边缘化"的现象，杜绝将本地乡村居民排除在外，而孤立发展的"旅游孤岛"现象。

（二）通过旅游发展带动乡村居民致富

以乡村旅游业发展助推实现乡村振兴，一方面需要发挥政府的宏观主

导作用，另一方面也必须确保乡村居民的主体性作用。乡村居民要依赖旅游业发展真正实现乡村振兴，就必须获得自我成长，成为发展旅游业的主导力量，进而拥有旅游开发决策和收益的主导权。当地政府除了推动当地景区带动乡村居民通过发展旅游业致富之外，还应该直接参与组织乡村居民的学习与培训。基层政府、行政单位应该响应和配合实施乡村旅游助推乡村振兴战略，乡村基层党组织带头人尤其应该发挥引领作用，督促民间协会和社区精英发挥带头作用，组织群众参加旅游开发和接待的培训学习。政府既可以采取"将专家请进来指导，让农民走出去学习"的形式，也可以选调旅游专家实施定点智力扶贫，或者实施旅游院校对口帮扶项目，对乡村旅游地进行旅游规划和发展咨询。最终使乡村居民形成强烈的旅游发展致富意识，理解旅游发展致富的成功要诀，掌握旅游发展致富的具体手段，拥有通过发展旅游业而致富的能力。

（三）实施旅游人才引进政策

在乡村旅游助力乡村振兴的进程中，缺乏旅游专业人才是最大的问题。乡村居民在受教育水平、对新知识的接受与理解能力、综合素养等方面普遍存在不足，所以，旅游智力增长速度比较缓慢，乡村旅游助力乡村振兴的前进步伐也比较缓慢。要快速展现乡村旅游智力扶贫的效果，就需要对乡村旅游地实施旅游智力"注血"，同时增强其造血功能。当地政府首先应该制定相应的旅游专业人才吸引政策，积极引进旅游专业人才，一方面可以吸引外地人才前往乡村地区就业和创业，另一方面重点号召本土大学生回乡就业和创业。吸引本地人才回乡创业，带领乡亲们共同致富，不仅是最有效的人才注入举措，而且可以有效增强乡村旅游地的"造血"功能，加快旅游的智力传播速度，实现长久的乡村振兴。

贯彻和落实乡村振兴战略，深入发展乡村旅游是一条重要的路径。乡村地区旅游扶贫的关键问题在于旅游智力扶贫，旅游智力扶贫的实施也必须抓住关键内容。旅游智力扶贫的具体实施需要在当地政府的主导下，构建合理的乡村旅游扶贫机制，开展乡村旅游扶贫工程，保持乡村居民在乡村旅游发展中的主导地位，保证乡村居民的收益。在实施乡村旅游智力扶贫的同时，也要推动社会公共资源向乡村旅游地倾斜，创造相应的配套条件。只有这样，才能真正通过发展乡村旅游业实现持久的乡村振兴。

第四节　乡村振兴战略背景下乡村旅游合作社的发展

乡村旅游是乡村振兴的产业发展选择，乡村旅游合作社是促进乡村振兴的有效载体，研究乡村旅游合作社的发展对乡村振兴具有重要的现实价值。

乡村旅游是乡村振兴的产业发展选择，是践行乡村振兴战略的路径。2015 年 11 月，江西省第一家乡村旅游专业合作社"萍乡市武功山红岩谷乡村生态旅游专业合作社"成立，拥有社员 22 户，带动了乡村 180 余人就近就业。江西省大余县、于都县等地通过"景区+旅游合作社+贫困户""旅游合作社+贫困户"等模式，吸纳农户、贫困户以土地、房产、劳动力、自有资金或扶贫资金等要素入股，积极探索了旅游扶贫与合作社协同发展的新思路、新实践，开创了乡村旅游扶贫新局面。乡村的振兴和乡村旅游业的发展需要源自基层的实践创新，也需要来自政府层面的政策扶持。2016 年底，国务院颁布了《"十三五"旅游业发展规划》，明确提出"创新乡村旅游组织方式，推广乡村旅游合作社模式"。2017年在中央一号文件中指出"大力发展乡村休闲旅游产业"，首次提出"鼓励农村集体经济组织创办乡村旅游合作社"。目前，乡村旅游合作社已经从基层的实践创新转变为各地旅游发展的重点工作，乡村旅游合作社成为促进乡村振兴的有效载体。

在乡村振兴战略推进和乡村旅游大开发形势下，如何引导和激励乡村旅游合作社的健康发展，是当前政府、业界和学术界共同关注的热点问题。本节通过对乡村旅游合作社的含义和基本特征的分析，以及对乡村旅游合作社发展现状、发展困境的剖析，提出相应的对策与建议，这对我国乡村旅游合作社的理论研究和实践指导均具有重要的意义。

一、乡村旅游合作社的含义与基本特征

乡村旅游合作社是在农村家庭承包经营基础上，由以农民为主体的乡村旅游经营者自愿联合、依法经营、民主管理，并按照市场机制运行的互助性经济组织。

（一）农村家庭承包经营制度是乡村旅游合作社建立的重要基础

农村家庭承包经营制度是我国农村的一项基本制度，是集体组织将土地等生产资料承包给农村家庭进行经营的农业生产形式。从法律属性上来说，乡村旅游合作社是依照《中华人民共和国农民专业合作社法》（以下简称《合作社法》）建立的农民经济组织，是农民专业合作社的一种类型。2018年7月新实施的《合作社法》第二条指出"本法所称农民专业合作社，是指在农村家庭承包经营基础上，农产品的生产经营者或者农业生产经营

服务的提供者、利用者，自愿联合、民主管理的互助性经济组织"。因此，乡村旅游合作社经营的核心要素，如土地承包经营权、林地经营权，以及集体组织的其他一些资产，在农村家庭承包制度的基础上，才得以变资源为资本，推动乡村旅游合作社的合法组建，合作社社员才能充分发挥生产经营的自主权和主动性，并依法享有生产资料及其增值产出的占有权、使用权、分配权等。

在当前乡村旅游合作社的发展实践中，以土地承包经营权、林权等农村家庭承包经营基础上所赋予农户的权益，常可以作价出资、量化入股，与资金、科技、劳动力等要素集聚，组建成具有要素股份化特征的乡村旅游合作社，探索着符合当前农村新型合作经济发展态势下的乡村旅游资源集约化发展模式。

（二）农民是乡村旅游合作社发展的核心主体

农民富裕是乡村振兴的根本，是当前我国消除贫困、改善民生的重大任务。乡村旅游业是农村的新产业、新业态。发展乡村旅游目标之一是提高农民收入。乡村旅游合作社的发展实践中，农村能人、专业大户、农村新乡贤、返乡大学生等新型农民，在政府引导、企业引领或者自己创办等方式下，组织农村社区农民组建和经营合作社，发展休闲农业，开发乡村旅游。多元化参与的乡村旅游合作社必须以农民为主体，不能在发展中脱离农民，抛弃农民的利益；否则，合作社将异化成资本下乡掠夺农村财富的工具。《合作社法》规定：农民专业合作社的成员中，农民至少应当占成员总数的百分之八十。农民必须是合作社发展的核心主体，这样才能真正体现合作社是农民的合作社，农民是合作社的主人，真正体现合作社为农民服务的宗旨。

（三）自愿联合、依法经营、民主管理是乡村旅游合作社经营的基本原则

坚持农民自愿的原则。乡村旅游合作社是农民自己的组织，任何机构或个人均不能强迫农民加入或退出合作社。农民享有"入社自愿、退社自由"的权益。在合作社发展中，要充分尊重农民的意愿，地方政府或机构不能因政绩需要、利益纠纷而以行政干预手段，或强迫命令，或包办包干，违背农民意愿。

坚持依法经营的原则。制定和修改《合作社法》，是为了农民合作社的发展，使合作社的组织更规范，行为更合法。对外保障了农民合作社与其他市场主体一样，享有平等的法律地位，也意味着合作社的生存和发展都需要按照市场机制运行，参与激烈的市场竞争，适者生存，不适者淘汰。对内保障了合作社的日常经营及农民社员的合法权益，从社员资格、出资方式、股份要素、生产标准、管理制度、盈余分配等方面，规范和约束合作社及社员的行为，使合作社内部管理能够实现现代企业化管理，进而增强其参与市场竞争的能力。

坚持民主管理的原则。民主管理是合作社区别于其他企业组织的显著特征，《合作社法》对合作社的民主管理提出了具体要求，落实好《合作社法》，搞好合作社的民主管理，才能体现"以服务成员为宗旨"，为合作社成员提供互助性的生存经营服务。服务社员不以营利为目的，通过合作互助，民主管理，提高合作社的办社效益，提高农民的收入，从而提升农民的入社积极性，提升农民参与市场竞争的能力。

二、乡村旅游合作社发展的现状

（一）乡村旅游合作社起步晚、发展快

我国乡村旅游业的发展始于 20 世纪末 80 年代，"吃农家饭、住农家院"的农家乐发展模式吸引了不少城市游客，但处于自主发展时期，缺乏政府引导以及规范管理。随着新农村建设、美丽乡村、产业扶贫、乡村振兴战略等的不断推进，乡村旅游业已成为我国旅游产业发展的生力军。传统的农家饭、田间采摘等乡村体验活动已无法满足城乡居民的休闲文化需求，乡村旅游业进入内容升级和服务升级的快速发展阶段。2007 年《农民专业合作社法》实施前后，众多的农民专业合作社以种植业、养殖业等作为主业，农家乐、田园采摘等旅游服务仅仅是合作社的副业，还不是真正意义上的旅游专业合作社。

2015 年下半年，国家将旅游项目纳入专项建设基金支持领域以来，2016 年提出"大力发展休闲农业和乡村旅游"，一系列支持乡村旅游的政策密集出台，为乡村旅游发展和乡村旅游专业合作社兴起提供了政策支持和保障，地方政府也为旅游专业合作社的规范发展制定了相关的政策意见。乡村旅游合作社的发展进入到快车道。

（二）乡村旅游合作社发展模式多样化

牵头领办或创建合作社的多是乡村能人、经营大户、村干部、返乡大学生等。一方面他们要引导农户、贫困户凭借自有资金、扶贫资金、林地经营权、土地经营权、房屋等资源要素，以专业合作、股份合作等方式加入合作社；另一方面他们要吸引旅游公司、龙头企业等，也以股份合作、合同制等利益联结方式参与乡村旅游开发，进行市场开拓。除了上文提到的大余县、

于都县的"景区+旅游合作社+贫困户""旅游合作社+贫困户"等模式外，乡村旅游合作社的经营模式还有诸如"公司+旅游合作社+农户""旅游合作社+景区+农户""村集体+旅游合作社+农户""旅游合作社+基地+农户"等模式。旅游合作社的领导者或管理者要结合村民意愿和当地实情，选择适合本地旅游资源和市场开发的合作社经营模式。无论选择哪种经营模式，乡村旅游合作社都必须秉承服务农民的宗旨，增强农民进入市场的组织能力和抗风险能力，有效提高农民收入，提升农民参与乡村旅游开发的积极性。

（三）乡村旅游合作社经营业务多元化

农民专业合作社的成立，从合法性上说需要在当地的工商行政管理局登记注册，其合法的经营业务应当在登记注册的业务范围内。乡村旅游合作社的经营业务范围在登记注册时就须说明，经营业务呈现多元化的特点。从旅游服务提供的角度可以分为三大类：第一类是只从事乡村旅游项目开发和乡村旅游业务，如婺源县远上寒山乡村旅游专业合作社在其工商注册时的业务范围是生态旅游与民俗旅游，提供的只是旅游产品和服务。第二类是以乡村旅游服务为主、种养业为辅，主要提供餐饮、住宿、休闲体验等旅游活动和产品，如宜春市明月山品儒庄园乡村旅游农民专业合作社的注册经营业务范围，是土特产及旅游产品的生产、销售，餐饮、住宿、休闲娱乐等旅游活动服务，辅以种植水果蔬菜、养殖鸡、鸭、鱼等。第三类是以乡村旅游服务为辅、种养业为主，在种养业销售的基础上提供动植物观赏、田园采摘、垂钓等休闲娱乐活动，如宜春市硒水鹿园乡村旅游专业合作社的注册经营范围是梅花鹿及其他畜禽、水产养殖销售，生态旅游观光、乡村旅游农家乐为辅。

早期的农民专业合作社主要是单纯从事农业生产经营，由于旅游休闲活动需求少，涉及的旅游服务也不多，其注册的合作社名称也很少带有"旅游"或"乡村旅游"字样。随着乡村旅游市场的需求增加，简单的农家体验不能满足消费者对乡村特色文化的需求，越来越多的合作社除了使用"旅游""乡村旅游"字样外，在注册的名称上体现提供旅游休闲活动的特点，展现其经营业务的特色。这些变化说明农民专业合作社的业务服务范围，从基础的农业生产销售到第一、第二、第三产业的农旅融合与文旅融合。农业与旅游业在乡村旅游合作社载体上的融合，实现了农村资源要素的有效契合，节约了农民与市场的对接成本，契合了乡村旅游业发展的变化趋势。

三、乡村旅游合作社发展的困境

与农民专业合作社最初的发展状况相似，乡村旅游合作社的发展同样存在着许多困境，如农民对乡村旅游合作社认知不足、政府扶持不力、内部管理不善、领头人能力不强等。根据笔者在基层的调查，从以下三个方面阐述乡村旅游合作社发展面临的困境。

（一）基层干部管理乡村旅游合作社心力不足

基于政府的工作目标，乡村旅游开发中，政府的主导作用显然有其目的性和必要性。乡村旅游业的发展离不开乡村旅游组织形式的创新，乡村旅游合作社是在政府部门相关政策引导下，通过农民自愿联合而成立的农民组织。在乡村旅游的政策宣传、基础设施建设、村民旅游知识技能培训等具体方面，政府发挥了重要的领导作用。

从中央到地方，支持乡村旅游合作社的相关政策频繁出台，如2016年底国务院颁布的《"十三五"旅游业发展规划》提出"推广乡村旅游合作社模式"、2017年提出"鼓励农村集体经济组织创办乡村旅游合作社"、

2016 年四川省《大力发展乡村旅游合作社的指导意见》，彰显了政府对乡村旅游合作社发展的重视。然而，在政策落实当中，仍存在一些问题。一是扶持政策很难落实，基层干部无从抓起。二是牵涉的基层部门多，基层干部"不知该管不该管"，管理难。三是乡村旅游产业作为农村发展新型事物，许多基层干部缺乏相关经验，对乡村旅游合作社的发展缺乏能力辅导，心力不足。这样，乡村旅游合作社的发展必然出现"重成立、轻发展""重数量、轻质量"的短期政绩观，影响乡村旅游合作社的后期品质建设。

（二）乡村旅游合作社经营管理人才匮乏

乡村旅游合作社是现代企业制度的合作社，在其筹备建立，信用融资，社员入社、退社，股份设立，盈余分红等方面，需要现代企业管理的理念和方式。在旅游产品开发和活动策划上，传统农家乐和采摘垂钓并不能满足当前城乡旅游消费者日渐增长的文化休闲需求，无论是民俗文化的开发，还是农耕文化的挖掘，都需要合作社的管理者具备一定的历史文化知识和节庆活动策划能力。另外，在消费者市场的拓展上，需要"互联网+"、新媒体营销手段的宣传和营销。运营微信公众号、旅游 App，成为合作社营销实力的体现。乡村旅游合作社的发起人或者带头人多是乡村能人、专业大户等，基本是最初在经营种养业、农家乐等基础上发展而来，运营合作社的旅游产品创新能力、营销创新的管理能力不强，乡村旅游合作社普遍出现经营管理人才的匮乏。

（三）乡村旅游合作社抗风险能力弱

乡村旅游合作社不是福利组织，是要将农民联合起来，按照市场机制运行，共同参与激烈的市场竞争。但乡村旅游合作社存在抗风险能力弱的状况，参与市场竞争的实力不强。从外在来看，乡村旅游合作社一般依托的是本村的旅游资源，普遍存在规模小的特点，能吸纳的本村村民社员大多在 10 至 30 户左右，且经营项目单一，提供的旅游产品或服务同质化现象严重。前文提到的旅游合作社经营管理人才缺乏，旅游产品创新能力不足，市场开拓能力有限等，导致合作社缺乏增强核心竞争能力的实力，市场竞争力不强。内部管理控制上，由于社员主要是本村村民，甚至吸纳了众多的贫困户，使得社员管理难度大，缺乏凝聚力，社员缺乏合作意识，如在旅游商品销售或服务时争夺游客，易形成违反合作社管理章程或契约安排的非合作行为。在资金运作和管理、利益分配上，内部制度不完善，民主管理流于形式，违背服务社员的服务宗旨。

四、乡村旅游合作社发展的创新策略

（一）厘清各项支持政策，形成合作社发展的指导性意见，合力发力

关注"三农"的支农惠农政策层出不穷，但"三农"问题依然严峻，其中原因之一是政策支持"三农"所投放的资源处于碎片化运行状态，无法集中发力。针对此种情况，为做好乡村旅游合作社的发展工作，山东省东营市旅游局在 2010 年就发出了《关于大力发展乡村旅游专业合作社的通知》，四川省 2016 年提出了《大力发展乡村旅游合作社的指导意见》。其他地区各级政府也应针对本地方乡村旅游合作社发展的实际状况，通过对惠农政策的分类梳理，如扶贫政策、合作社政策，或者税收政策、补贴政策、保障政策等，制定乡村旅游合作社发展的若干支持政策，并形成支持乡村旅游合作社发展的指导性意见。这些指导性意见把各项政策合力形成专项支持政策，发力助力合作社的发展。另外，这些指导性意见对于基层干部来说，既

能有针对性地帮扶乡村旅游合作社的发展，又能提升基层干部的政策解读能力和执行能力。当然，对基层干部业务能力也有必要进行专项培训，能解农民之所惑，以加强干群关系。

（二）将乡村旅游合作社打造成乡村"双创"平台，引智引资

近年来，乡村"大众创业、万众创新"的"双创"热潮不断，围绕着农村经济社会发展，乡村"创客"们在农村电商、新技术推广、乡村旅游、乡土文化传播等方面，用实际行动做乡村振兴战略的践行者。乡村旅游合作社为农村绿色发展增添了新动能，在"双创"热潮下，将乡村旅游合作社打造成返乡大学生、返乡创业农民工、返乡退伍士兵、乡间能人等的乡村"双创"平台，有利于社会资本的汇集和创业能人与管理人才的引入，成为助农兴农的有力平台。

政府在乡村"双创"活动中打造工作新思路。在乡村旅游发展上，政府除了引进一些旅游公司、农业园区等之外，要将农民自己的互助性经济组织——乡村旅游合作社作为工作内容之一，吸引返乡创业农民工、返乡大学生等发起或加入乡村旅游合作社。结合新时期消费者的需求特点，将"互联网+农业""互联网+旅游"、新媒体营销等互联网时代的新技术、新模式，引入到乡村旅游合作社的发展中来，让合作社搭上乡村"双创"的快车，享受乡村"双创"平台的各种政策扶持，为乡村振兴助力。

（三）乡村旅游合作社联合创建联社，提升化险御险能力

由于乡村旅游合作社发展仍处于起步阶段，规模小，旅游产品和服务单一，经营管理人才缺乏，内部制度不完善，抵御市场风险能力弱。由政府牵头，市场运作，将各乡村旅游合作社联合起来，或者与其他专业合作社联合，打造乡村旅游合作社联社，将有利于各成员社提升化解风险，抵御风险的能

力。地方政府对联社的指导、管理和政策支持，从管理效率上来说将优于面对单一的合作社的服务。打造联社，可以根据各地的实际情况，在乡域、县域，甚至市域范围内开展。联社可以在旅游规划、旅游产品开发、社员培训、营销推广和市场开拓等方面，解决单一合作社成本大、效果差的问题。联社为各成员社提供整体规划和指导服务，各成员社在联社的统一领导下，结合乡村旅游发展的"一乡一品""一村一品"等策略，努力挖掘红色、古色、绿色等本乡本村的乡土资源，共享旅游资源，同拓旅游市场，共御市场风险。

乡村旅游合作社只是乡村振兴战略背景下乡村旅游发展的组织形式之一。"公司+农户"的乡村旅游公司、农业观光园景区等乡村旅游组织模式，与当地农民的利益联结弱，农户只是典型的打工仔。"乡村旅游合作社+农户"的乡村旅游发展组织模式，以农民社员为主体，其以房屋、土地、林权、资金等多种资源要素入股，共同开发乡村旅游资源，共筑农村新型合作经济。发展好乡村旅游合作社，能让村民共享乡村旅游资源开发的红利，共同谱写乡村振兴的篇章，实现农民、乡村旅游合作社、政府的多方共赢。

第五章　乡村振兴战略背景下
乡村旅游业的发展

第一节　乡村振兴战略背景下金融服务
乡村旅游业

一、商业银行支持乡村旅游业的重要意义与主要问题

（一）商业银行支持乡村旅游业的重要意义

随着经济的发展和居民收入水平的提高，乡村旅游业发展潜力无限。服务乡村旅游业发展，既是服务国家乡村振兴战略的需要，也是商业银行加快业务转型的需要。具体来说，商业银行支持乡村旅游业有以下四个方面的意义：

一是，有利于服务乡村旅游市场的发展。近年来城乡居民消费需求结构不断升级，乡村旅游业呈"井喷式"增长。据统计，全国城市居民休闲和出游，平均70%以上选择周边乡村游，北京、上海、天津等大城市则超过80%。2016年全国乡村旅游达21亿人次，约占全国各类游客人数的大半，乡村旅游消费规模超过1.1万亿元，达到全国旅游总收入的1/4，乡村游直接从业人员845万人，带动672万户农民间接受益，户均收入超过6万元。此外，

根据大数据推演预测，未来中国乡村旅游热还将进一步持续，2025 年旅游人次预计达 30 亿次，乡村旅游业发展的空间十分广阔。

二是，有利于把握乡村旅游带来的金融机遇。乡村旅游发展潜力大、产业关联度高、投资带动力强、内需拉动力久，作为新农村建设的载体，能够带动乡村投资，促进乡村产业发展，带动农民实现增收。乡村旅游发展，能以较低的成本满足城镇居民 DE 休闲需求，可以有效扩大居民消费。当前，乡村旅游受到社会的广泛关注，成为当前经济发展和社会转型的热点。2016 年《中国乡村旅游发展指数报告》指出"未来十年，乡村旅游将保持较高的增长速度。"在政策引导、城镇化拉动、汽车普及、投资驱动、新消费革命的组合推动下，乡村旅游将日益成为农村产业融合发展的重要组成部分，金融服务市场空间无限宽广。

三是，有利于实现商业银行加速转型发展。金融是实体的血脉，实体是金融的根基，金融可为乡村旅游业提供动力，乡村旅游业能为金融发展提供新的领域。当前，旅游业快速发展是经济结构调整与经济增长方式转变的结果，金融业的可持续发展，依赖于经济转型升级中出现的新市场。只有把握新市场的发展机遇，才能改善客户结构和收益结构。新兴旅游业具备高附加值、高成长性等特点，可以为银行经营转型拓展新的空间，为银行持续发展开辟新的道路。因此，金融服务旅游业是金融资本实现新增长的需要，更是优化资产结构、提高收益水平、分散业务风险的需要。

四是，有利于服务国家乡村振兴战略。近年来，随着城镇化与工业化的加速发展，一批批农村青壮年不断向城镇尤其是大城市转移，我国部分地区出现了乡村衰落现象。传统农业经营收益比较低，无法留住青壮年劳动力。乡村问题的根源是缺乏人的发展机会、缺乏经济活力，振兴的关键是发展产业经济。现有研究表明，发展乡村旅游业有利于带动餐饮、住宿、加工、运输和文化等关联产业发展，使农产品变商品，增加农民的经营性收入；使民房变客房，增加农民的财产性收入；使农区变景区，实现农民就近就业，增加农民的工资性收入。事实表明，发展好乡村旅游业，外出务工人员回流，农村各类资源要素聚集，人民群众能在家门口拥有获得感和幸福感。因此，金融支持乡村旅游业发展，有利于实现乡村振兴，有助于实现"产业兴旺、生态宜居、乡风文明、治理有效、生活富裕"的目标。

（二）商业银行服务乡村旅游业发展存在的主要问题

第一，融资经营主体与建设资金欠缺。当前，我国乡村旅游尚处于初级阶段，点多面广、季节性差异较大，规模化产业集群较少。相对于传统农业生产经营，发展乡村旅游对融资性的贷款需求更加旺盛、期限较长。但多数乡村旅游市场主体信用等级、资产状况难以达到准入要求，不具备信贷主体资格。一些地方政府虽然成立了旅游投资公司，但受财力制约，乡村的基础配套、公共服务等设施建设不到位，资金短缺仍然是制约乡村旅游业发展的瓶颈。

第二，银行传统服务难以满足发展需求。面对千差万别的乡村旅游业客户群体，尤其是近年来游客在吃、住、行、游、购物、娱乐与分享等方面的需求不断提高，商业银行传统的产品与金融服务，难以适应丰富多彩的差异化需求，迫切需要升级金融服务方式与创新金融产品。此外，旅游项目建设资金投入金额大、回收周期长等，项目单位在申请贷款时，普遍存在较难找到价值足够又能长期保值的抵押物的问题。

第三，相关主体的财务需要规范与培育。大多数从事乡村旅游业的主体，起家于小微企业与个体经营户，普遍缺乏财务管理意识，没有建立规范的财务管理制度，存在信息不透明、不对称等现象。金融机构对其资金的使用、经营及效益等，较难作出准确的评价，增加了信用调查和评价的难度。

二、金融服务乡村旅游业发展的重点内容与相关建议

（一）服务重点

乡村旅游业与人民不断改善的生活需求息息相关。商业银行要顺势而为，把服务乡村旅游业作为战略工程扎实推进，重点做好以下几方面的金融服务。

第一，服务乡村旅游精准扶贫工程。生态环境优美、旅游资源丰富是众多贫困地区的共性。借助当前党和政府采取超常规手段，打赢脱贫攻坚战的契机，积极支持贫困地区旅游扶贫示范村建设，围绕乡村公共服务设施建设和农村人居环境整治，提升其旅游价值，通过发展旅游实现脱贫。

第二，服务发展旅游特色小镇建设。稳步对接全国特色旅游景观名镇、历史文化名镇，服务传统小镇风貌保护与文化传承；支持建设森林小镇、滨湖度假小镇、避暑度假小镇、温泉小镇、民族风情小镇、创意文化小镇、商贸购物小镇等特色小镇。

第三，服务"千村万户"美丽家园行动。以特色农村风貌、人文遗迹、民俗风情、田园风光、农业生产体验等为载体，支持旅游特色村、自驾游营地，服务乡村民宿、乡村度假村、休闲农庄、农业观光园等发展。

第四，服务现代乡村田园旅游综合体建设。积极服务科技和人文等元素融入农业，支持阳台农艺、农田艺术景观等创意农业，服务智慧农业、会展农业等，服务对农业多种功能的挖掘，支持重要农业文化遗产的发掘、保护和传承。

第五，服务乡村旅游"创客"基地发展。支持返乡农民工、返乡大学毕业生、民间艺人等投身为旅游"创客"，服务文化旅游衍生品开发；支持乡村创客实体众创空间、孵化基地建设，提供交流平台、学习平台、宣传平台和融资对接平台。

服第六，务旅游新农村社区发展。以休闲度假功能为主导，以乡村观光业态为特色，以田园乡居生活为目标，服务土地整合、基础设施完善、文化特色、农民就业，支持独立村改造升级，支持农村生活资源转化为生产资源。

（二）主要建议

一是，多途径提供信贷资金支持。对投资规模大、资金需求大的旅游项目，推行银团贷款；对收益稳定、品牌知名度高的企业和项目，通过企业债等直接融资途径的债务工具提供支持。围绕主景区建设，开办经营权、门票等现金流作保证的未来收益权质押贷款。此外，要积极参与乡村旅游项目规划，保障乡村规划方案中的投融资计划具备可行性和落地性。

二是，发挥政府、担保等机构的多方作用。整合工商、税务、水电气、社保等信息数据库，搭建综合信息平台，解决金融支持信息不对称的问题；加强政银企合作，建立担保贷款风险分担和补偿机制，确保金融服务的综合性和有效性。

三是，树立大旅游业理念，拓宽金融服务领域。围绕旅游核心企业及其上下游相关产业与客户提供全方位服务，在支持乡村民俗、乡村美食、乡村特产、农事体验、农家生活等特色产业的基础上，支持"+电商""+文创""+养生""+养老""+体育""+健康""+研学"等，服务乡村旅游的产业融合发展。

四是，要突出金融服务与产品创新的作用。借助互联网和大数据等，优化信贷审批流程；推选一批乡村旅游业经营客户，确定授信额度，一次核定、周转使用，推动乡村旅游业集群批量支持。创新乡村旅游信贷产品，盘活乡村沉睡的金融资产。

五是，服务乡村旅游业常态化的辅导培训。建立常态化、针对性强的辅导和培训，提供驻点式的智力支持，遇到困难请专业人员会诊，提供融资解决方案，有效解决乡村旅游经营者文化水平偏低、市场意识不足、经营管理能力弱等问题。

六是，将服务乡村旅游业发展与支农惠农结合。当前，党和政府为脱贫攻坚提供了一系列帮扶政策。要将金融服务乡村旅游业发展与扶贫支农行动紧密结合，充分利用扶贫重点村环境整治行动、扶贫公益行动、扶贫电商行动、万企万村帮扶行动等，实现与金融服务乡村旅游业的融合，全力服务好乡村旅游业的发展。

第二节　乡村振兴战略背景下乡村旅游业发展的新视角

乡村旅游业是紧密连接农业、农产品加工业和服务业等第一、第二、第三产业的新型业态，融合了生态、生产和生活多重功能。随着大众化旅游时代的到来和国家乡村振兴战略的实施，乡村旅游业迎来了历史性的发展机遇，但也面临着提档升级的客观要求。本节分析了乡村旅游业快速发展的客观背景和乡村旅游业提档升级的重点内容，提出了乡村旅游产品创新的"三个"维度和乡村旅游产品开发的"五大"法则。

党的十九大高度重视"三农"问题，提出坚持农业农村优先发展，实施乡村振兴战略。强调农业、农村、农民问题是关系国计民生的根本性问题，必须始终把解决好"三农"问题作为全党工作重中之重。这是农业农村工作的总纲领和中心任务，也是全面激发农村发展活力的重大行动。在新的时代背景下，大众化旅游市场的刚性需求和国家政策的大力扶持，使乡村旅游业迎来了历史性的发展机遇，但传统的乡村旅游业必须提档升级，才能符合时代发展的要求。

一、乡村旅游业快速发展的客观背景

（一）经济社会发展和生活水平的提高

休闲消费水平与消费者的收入水平、时间分配、生活方式、消费观念等因素有关。一般来说，收入水平越高，闲暇时间越多，休闲消费水平也越高。而生活方式、消费观念伴随着社会进步、经济发展和开放程度的变化而变化。同时，随着城市化水平的提高，越来越多的农村人变成了城市人。

（二）城市压力和休闲需求的增加

随着城市化进程加快，城市人口急剧增加，为了缓解都市生活的压力，城市居民渴望到农村享受暂时的休闲和宁静，体验乡村生活。休闲是一种生活状态，即人们在非工作时间内以各种"玩"的方式，求得身心的调节与放松的一种业余生活。一般意义上的"休闲"是指两个方面，一是解除体力上的疲劳；二是获得精神上的慰藉。

（三）农村拥有丰富的旅游资源禀赋和文化要素

农村旅游资源是指能吸引游客前来进行旅游活动，为旅游业所利用，并能产生经济、社会、生态等综合效益的乡村景观客体，是由自然环境、物质和非物质要素共同组成的和谐的农村地域复合体。农村旅游资源禀赋包括自然景观资源、农业生产资源、农业科技资源、农业文化资源等；文化要素包括耕作文化、牧业文化、饮食文化、民俗文化、民间文艺、农产品文化、生活器具文化、遗址文化、自然环境文化等。

（四）农业生产方式的改变和农业功能的拓展

随着时代的发展，农业的内涵在丰富，空间在扩大，效用在延伸，功能在拓展。农业不仅具有食品保障功能，而且具有原料供给、就业增收、生态保护、观光休闲、文化传承等功能。2015 年发布的《关于加大改革创新力度加快农业现代化建设的若干意见》指出，推进农村一二三产业融合发展。增加农民收入，必须延长农业产业链、提高农业附加值。积极开发农业多种功能，挖掘乡村生态休闲、旅游观光、文化教育价值。

二、乡村旅游业提档升级的重点内容

乡村旅游业作为横跨农村第一、第二、第三产业，融合生产、生活和生态功能，紧密连接农业、农产品加工业和服务业的新型产业形态，涉及的产业、资源和参与主体包括农业、农村、农民。因此，乡村旅游业的提档升级，必须创新发展理念和思路，拓展原有的空间领域和产业范畴，围绕"三农三生"做文章，实现全方位、多层次开发。

（一）创新乡村旅游业发展的理念和思路

乡村旅游业的升级，必须紧跟时代步伐，按照乡村振兴战略"产业兴旺、生态宜居、乡风文明、治理有效、生活富裕"的总要求，创新发展理念，拓展发展思路。一是以产业细分和产业融合为基础，树立大产业观念，实现旅游开发与农业发展深度融合。二是把农业多元功能开发与新型城镇化建设、新农村建设紧密结合，纳入总体规划。三是以市场需求为导向，以区域特色农业资源为依托，实现资源和市场的有机结合。四是以体验为核心，以回归自然、绿色生态为根本，打造核心竞争力。五是以创意为灵魂，以科技为动力，实施双轮驱动，创新乡村旅游产品。

（二）乡村旅游业的核心要素

1．农村是乡村旅游业发展的载体

乡村风貌是乡村旅游业的根本，要用景观的概念建设农村，用旅游的理念经营农业，用人才的观念培育农民，将乡村装点成旅游度假胜地，实现农村景区化。将乡村民居与本地资源及文化特色相结合，开发观光体验产品，走产业型、环保型、生态型、文化型、现代型发展之路。

2．农业是乡村旅游业发展的产业依托

城市居民的休闲需求，形成了乡村旅游的核心结构，拓展了农业的发展空间和功能，促进了观光农业、生态农业、精品农业的发展，带动了观赏经济作物种植、蔬菜瓜果消费、家禽家畜消费、餐饮住宿接待、民俗文化消费的全面发展，把农村的生产、生活资料转换成具有观光、体验、休闲价值的旅游产品。

3．农民参与是乡村旅游业的根基

乡村旅游业的发展可以使农民从事旅游业，农民的身份可以从务农转变成农商并举，开展观光采摘、农家乐、农家院、民俗村、生态美食、垂钓鲜食等旅游活动，农户可以独立经营，也可以形成私营企业。

（三）乡村旅游业的开发重点

1．重视乡村生态文化的保护与传承

生态文化是人类的文化积淀，是由特定的民族或地区的生活方式、生产

方式、宗教信仰、风俗习惯、伦理道德等文化因素构成的，具有独立特征的结构和功能的文化体系，是代代沿袭传承下来的针对生态资源进行合理摄取、利用和保护，能够使人与自然和谐相处，最终实现可持续发展的知识和经验等的积淀。从这个意义上说，生态文化就是从人统治自然的文化过渡到人与自然和谐发展的文化。乡村人文生态和自然生态以及二者之间交相作用形成的生态关系，构成了乡村生态文化的主体。

乡村生态的基础在于乡村自然生态，包括乡村所有的自然物质构成。绿水青山是评判一个乡村生态环境的重要指标，良好的生态环境直接关系到人类自身的健康。在城市化进程不断加快的今天，美丽乡村以其优美的自然环境、清新的空气和优良的生态环境，成为城市的后花园，并为都市人回归自然，享受自然提供了最佳场所。乡村人文生态则涵盖了乡村社会生活场所、习俗信仰与艺术追求等精神文化样式。各地区、各民族自然形成的、原生性的、祖先传下来的文化生活，就体现在日常生活中。文化生态具有不可再生性，许多历史文化遗产一旦被毁损，传统风格一旦变异，人居环境一旦被破坏，将是人类文明的巨大损失。

2. 把农业生产过程变成游客的旅游过程

农业生产包括传统农业和现代农业，其动态的生产过程本身就具有旅游吸引力。传统农业是在自然经济条件下，采用人力、畜力、手工工具、铁器等为主的手工劳动方式，靠世代积累下来的传统经验精耕细作，具有古老性和原生态特征，是体验古老农耕文化的绝佳项目。现代农业是应用现代科学技术、现代化生产资料和科学管理方法的社会化农业，具有规模化、规范化、精细化、产业化、智能化等特征，可感受到科技带来的力量。

3．农村生活方式是乡村旅游"活"的灵魂

农村生活是农村居民的系统化、模式化生活活动的典型形式与总体特征，是乡愁、乡情的最好寄托。农村生活方式是一个内容广泛的概念，广义的农村生活方式指农村居民的全部生活活动方式，包括劳动生活方式、消费生活方式、休闲生活方式、政治生活方式等。狭义的生活方式专指消费、休闲生活方式。各地农村居民长期从事以农业为主的生产活动，形成了独特的生活方式。

三、乡村旅游产品的创新开发

旅游产品是乡村旅游的载体，是对游客形成吸引力的关键。打造成功的产品，是发展乡村旅游的重中之重。当今人们的休闲旅游需求日趋多元化，已不满足于单一的农家乐、观光、采摘等模式。体验是乡村旅游发展的核心，必须从游客体验出发，促进农业向深度和广度方向发展，丰富乡村旅游与休闲农业产品的内容，为游客提供独具特色的高品位、多层次、全方位的休闲体验。

（一）乡村旅游产品创新的"三个"维度

一是提升高度，突出特色化、精致化。乡村旅游不等于粗制滥造、低档次、低价格。要走精致化道路，要在项目设计、规划建设、空间布局、餐饮、环境等方面做细活。二是挖掘深度，挖掘乡土文化、民族文化。乡村旅游的核心不是走马观花，而是休闲度假。要把人留下来，必须深入挖掘地域文化、民族文化、乡土文化。三是拓展广度，打造产业链，提高附加值。乡村旅游要拓展开发视野，创新旅游业态，丰富产品种类，增加消费卖点。

（二）乡村旅游产品开发的"五大"法则

一是主题要鲜明。主题是项目的灵魂，包括项目名称、功能、风格、产品体系等。二是特色要突出。特色是乡村旅游业发展的生命所在，特色越突出，其竞争力和发展潜力就会越强。三是内容要创新。通过创意把乡村里旧有的元素重新组合，唯有创新才可以提高乡村旅游的附加值。四是内涵要有文化。有深厚的文化底蕴，项目内容才更丰富多彩、更有吸引力。五是产品要创品牌。打造具有良好形象的知名旅游品牌，才能形成市场影响力和竞争力。

第三节　乡村振兴战略背景下乡村旅游
用地的法律问题

发展乡村旅游是我国实施乡村振兴战略的重要举措，如何促使乡村旅游业可持续健康发展，也是实务界和学术界关注的焦点。土地资源是发展乡村旅游业的重要资源，但因土地产权界定问题、依法征地法律制度、土地流转法定方式以及农村土地市场不健全等问题，在农村集体土地向乡村旅游用地转变过程中，出现了开发商和村民等多方的违法行为，损害了农民的土地权利，阻碍了乡村旅游业的可持续发展。因此，为顺利推进乡村旅游业的发展和实现乡村振兴，必须破解项目开发过程中用地问题的法律障碍，科学制定土地利用总体规划、完善符合中国国情的农村土地产权制度、制定乡村旅游用地专项及配套法律制度、正确处理乡村旅游利益相关者的关系，以及建立健全乡村旅游用地市场。

发展乡村旅游是落实乡村振兴战略、实现旅游富民惠民的重要内容。2018 年，乡村旅游作为实现乡村振兴战略的重要举措被写入文件。发展乡村旅游，解决土地问题是关键。虽然中央政府和各级政府密集出台乡村旅游用地保障等相关政策，但是，由于政府、开发商、村民有着不同的利益诉求，相互之间容易产生分歧，在旅游项目开发与经营过程中出现了违法征地、违法用地、违法占地和违法经营等问题，造成了不同程度的农村土地浪费，乡村旅游生态环境被破坏，农村土地市场发展混乱，乡村旅游用地法律纠纷层出不穷。

随着国家和各地政府对乡村旅游用地的支持力度越来越大，各地乡村旅游形式也在不断创新，农村土地向乡村旅游用地流转是趋势。而只有有效解决土地流转的法律问题，保障乡村旅游开发各方的利益，提升旅游投资者与当地农民的积极性，才能最终促进乡村旅游业健康发展。另外，土地资源是乡村旅游业发展的重要物质载体，而土地是农民最基本的权利，发展乡村旅游业，合法合规地流转乡村旅游用地，必须最大限度地保障农民的土地权益，这也是乡村振兴战略的要义。

一、乡村旅游用地的属性

农村集体土地是发展乡村旅游业的土地基础，对乡村旅游业的发展具有重要意义。但是，乡村旅游用地不同于一般意义上的旅游项目开发用地，它是随着我国农业产业化发展起来的新名词，更大意义上倾向于为一个旅游业专业术语，多见于政府政策文件和旅游产业相关报告等，而不属于国家法律意义上的概念。相关土地分类国家标准如《土地利用分类》等，也没有对此进行明确区分和界定。因此，我们试图从农村集体土地法律特征和乡村旅游土地使用方面进行分析。

乡村旅游业特指依托农村旅游资源开展的旅游服务产业，乡村旅游项目开发必然涉及农村土地的使用问题。而我国农村土地属于国家或集体所有，农民享有使用权和收益权。我国《土地管理法》明确规定了农村集体土地的内涵和范围：我国土地所有权分属于国家和集体，国家所有和集体所有构成了我国土地的二元体制。《土地管理法》也明确规定，我国实行土地用途管制制度，规定土地用途分为农用地、建设用地和未利用地，并严格限制农用地转为建设用地。农村集体建设用地是指农村集体所有的非农业建设土地，这里的集体是指乡（镇）、村、村民小组等农村集体经济组织。同时《土地管理法》也对农村集体建设用地作出了规定：农村集体建设用地可以分为宅基地、乡镇企业建设用地和乡（镇）、村公共设施公益事业建设用地。

同时，《土地管理法》规定土地的所有权和使用权可以分离。国有土地和农民集体所有的土地，可以依法确定给单位或者个人使用，这里的单位或者个人，可以是本集体经济组织的成员，也可以是本集体经济组织以外的单位或个人，但承包经营土地的单位和个人具有按照承包合同约定的用途合理利用土地的义务。根据这一规定，农村集体建设用地所有权和使用权也可以进行相应的分离。农村集体建设用地使用权可以由本集体经济组织成员或非成员的个人或单位使用，可以是自然人、法人或其他非法人组织，在不改变土地用途的前提下以非农业建设为目标，对集体所有的土地享有使用权和收益权。由此可见，我国相关法律对农村集体建设用地的所有权和使用权以及土地使用带来的权益均有明确规定，农村集体建设用地使用权属于用益物权范畴。

但是，乡村旅游用地不仅仅涉及农村集体建设用地问题。根据国家有关政策和全国各地乡村旅游实践，乡村旅游在土地使用上不仅包括建设用地，还包括农用地和未用地。在现有耕地、林地等方式上，发展观光型旅游，在非农业用地上建设住宿、餐饮、交通等基础设施，满足乡村旅游服务需求。2015 年，国土资源部（现自然资源部）、住建部和国家旅游局联合下发了《关于支持旅游业发展用地政策的意见》；2017 年，发改委等 14 部门联合发布了《促进乡村旅游发展提质升级行动方案》，对乡村旅游用地问题提供了政策保障和可行方案。但是，由于乡村旅游实践方式和用地政策比较分散，各地政策不一，缺乏政策系统性和完整性，乡村旅游用地仍然很难完全明确界定法律范畴，各地乡村旅游项目开发与经营仍然存在很多违法用地问题，需要进行系统性的分析。

二、乡村旅游项目开发中存在的不当与违法用地行为

随着我国城乡一体化的发展，城市与乡村资源开始出现互换，乡村以土地资源发展旅游业，换取城市资本、管理等要素资源，实现城乡一体化发展。这既满足城市居民旅游需求，又符合农村经济发展需求。而政府政策的大力引导，更是为乡村旅游项目开发带来了前所未有的机遇。面对可预见的利润回报，出现了违法流转、违法占地、违法用地发展旅游项目等问题，带来了严重的土地流转隐患并对当地生态环境造成严重破坏，土地市场秩序紊乱，利用效率较低，乡村旅游的土地资源可持续利用问题重重。

（一）各级政府的冒进行为

土地问题是"三农"问题的核心，因此，每年政府工作报告和各级政府农村工作重点都与农村土地有关。用好了农村土地，解决好了农村土地问题，意味着农村发展的稳定。政府是土地使用的监督者，也是土地规划利用

的责任者。政府应当制定乡村旅游用地规划，并指导实施用地规范，监督用地开发的合法性。但是，由于我国乡村旅游用地的法律规范不健全，在摸索中前进，因此，个别地方政府在乡村旅游用地规划与使用中存在冒进的做法。

（二）开发商的违法行为

乡村旅游作为新兴旅游方式，受到游客热捧的同时，开发商同样看到了巨大的商机，众多旅游开发组织与个人开始涉足乡村旅游项目。同时，由于我国城乡二元发展体制的限制，农村地区缺乏旅游项目开发经验、技术、人才和资金，加之中央政府给予乡村旅游财政补贴、税收减免等一系列优惠政策，鼓励有条件、有能力的专业旅游项目开发企业进入乡村旅游市场，以带动农村经济发展，因此，政府对乡村旅游用地审批与监管相对宽松，这给了开发商违法拿地、违法用地的可乘之机。一些开发商以乡村旅游项目开发的名义伪造资质、编造文件，违法圈地，压低、拖欠土地补偿费，拿地后擅自更改农村集体土地用途，将乡村旅游用地用作房地产开发，进行商业经营，导致农村耕地、林地减少，土地流失严重，破坏了农村原有的生态环境和人文风貌，不利于社会主义新农村建设。也有开发商在原有项目开发用地基础上，擅自扩大用地范围或更改项目开发方案，侵占其他土地用途，不利于整体乡村旅游规划与区域发展。另外，乡村旅游开发项目对开发商的资质具有较高要求，要有较强的资金实力和抗风险能力。但事实上，有一些开发商的资质与实力不足，一旦发生超预期风险，开发商无力后续开发与经营，导致项目烂尾、土地闲置或形成高价倒卖行为，造成土地资源浪费和土地市场秩序混乱，使得农村土地市场不稳定，进而影响新农村建设的整体推进。

（三）村民的违法行为

土地是我国新农村和城乡一体化建设中，农民最后的资产，农民与土地的关系是紧密相连的，土地是农民赖以生存的支撑。随着乡村旅游项目的开发，很多农村剩余劳动力开始参与发展乡村旅游，或者通过土地流转将土地转移出去，获得征地补偿费和项目收益；或者参与旅游服务活动，从事餐饮、住宿、导游服务等项目；还有些农民本身就是旅游项目的提供者，比如，农业观光、农产品采摘、农家乐等形式的乡村旅游。但是，由于农民的文化水平有限，法律意识不足，在土地流转与土地使用中往往违法而不自知。相较于仅仅在乡村旅游项目中参与就业的普通农民而言，以自家土地和房屋经营农家乐、民宿、旅馆和其他娱乐项目的农民，很多人存在未经许可和审批，违法扩建、改建、加盖房屋与经营场所，并进行商业化经营的违法行为。还有的农民私下与开发商进行耕地、宅基地、自留地的流转，自身权益无法得到有效保障，极易产生隐患。

三、乡村旅游开发用地存在的法律问题

（一）土地产权制度存在法律漏洞

第一，所有权主体界定不清。我国关于农村土地的三部主要法律《宪法》《土地管理法》《农村土地承包法》，均对农村土地所有权进行了界定。三部法律涉及了不同层次和不同性质的所有权主体，分别是集体经济组织、村农民集体、村民小组、乡镇农民集体经济组织等，而集体土地经营主体包括村民委员会和乡镇农民集体经济组织等，既有行政主体，也有权利主体，还有村民自治组织。行政主体不能作为农村集体土地所有权主体，村民自治组织不具备所有权归属资格与权利。因此，我国农村集体土地所有权主体是不明确的，农村集体土地所有权界定不清，也就意味着乡村旅游开发用地供给方没有法律意义上的确定性。

第二，征地补偿标准不合理。按照《土地管理法》第四十七条规定，"征收土地的，按照被征收土地的原用途给予补偿。"但是，土地补偿费和安置补助费均按照被征收前三年平均产值为基准，征地补偿费是六至十倍，而安置补助费是四至六倍，最高不得超过十五倍。但是问题在于，被征收土地前三年的平均产值能够代替该土地的实际价值吗？产值的计算标准又是什么？如果该土地不被征用，未来该土地市场价值出现增值呢？同样的，按照安置补助费标准，最低四倍，最高十五倍，差值很大，这个数量标准的选择如何确定？现有土地征用补偿标准的法律规定并没有考虑这些因素，严重损害了农民对土地的长远收益，无法有效保障农民的土地权益。

第三，征地范围与用地范围的法律界定模糊。根据我国《宪法》规定，国家为了公共利益需要，有权力征收农民的土地。但是对公共利益的界定是什么，因公共利益需要征收的土地是否给农民土地补偿，执行什么样的补偿标准却并没有给出规定。而《土地管理法》第四十三条"任何单位和个人进行建设，需要使用土地的，必须依法申请使用国有土地"；第四十四条规定"建设占用土地，涉及农用地转为建设用地的，应当办理农用地转用审批手续"，并对审批手续权限作出了规定。那么，乡村旅游用地是否符合公共利益需要？哪种形式的乡村旅游用地需要先将土地征为国有？是否需要转换土地用途呢？如果乡村旅游用地属于公共利益，那么土地被国家征收，农民损失了土地，能够获得因乡村旅游发展带来的长远收益吗？

（二）农村土地流转过程存在法律漏洞

乡村旅游用地问题从根本上说是农村土地资源分配问题，包括土地承包经营权流转的农业用地和非农业用地。首先，从法律层面解决好农村土地流转面临的诸多问题，也就解决了乡村旅游用地问题的最重要部分。《农村土地承包法》是农村土地承包经营权流转的权威法律，该法所指农村土地，是指农民集体所有和国家所有依法由农民集体使用的耕地、林地、草地，以及其他依法用于农业的土地。但是，对于农村土地承包经营权流转的各种形式以及操作规程，该法并没有给出详细明确的解释。同样，对于不同的土地流转形式，也没有制定不同性质的、明确的指导性法律条文。这就为农村土地流转后开展乡村旅游项目造成了法律空白：流转后土地是否可以作为乡村旅游用地，不同流转形式的土地该如何操作才能作为旅游用地，适用于哪种乡村旅游形式等，均未明确。另外，法律规定过于抽象。《土地管理法》和《农村土地承包法》等对土地使用用途、土地流转原则等只做了概括性表述，太过抽象，并且往往具有时滞性，无法适用于新问题的法律适用。

（三）与农村旅游用地相关的法律制度缺失

合理配置乡村土地资源，关系到乡村旅游项目开发土地需求保障，也关系到乡村旅游业可持续发展。当前，我国乡村旅游业发展与各级政府和多部门有关，国家旅游局、住建部、发改委等部门均联合发布过乡村旅游用地政策与指导意见。但是对乡村旅游用地的开发管理与监督却远远不够，无法形成监管合力，无法详细考核农村土地用途与乡村旅游用地冲突。同时，由于我国法律没有对农村集体土地所有权征收和乡村旅游用地来源与使用做出明确规定，无法从法律层面保障乡村土地资源的合理配置，也无法从法律意义上保障农村集体土地流转，更无法从法律高度保障并监督乡村旅游用地使用的合法性。因此，合理配置土地资源，保障乡村旅游用地，仅靠当前各地区乡村旅游用地政策还远远不够，需要健全旅游用地的相关法律法规。

四、乡村旅游用地开发的对策分析

（一）科学合理制定土地利用总体规划

土地资源是有限的，农村发展离不开土地，合理分配土地资源是保障乡村旅游用地的有效措施。土地利用总体规划是指导土地资源分配、实现土地可持续利用的纲领性要求，它以一定的土地利用目标为基础，在土地利用过程中，合理规划用地布局，科学搭配用地结构，并对不同用途的土地利用做出具体配置要求，是各级地方政府对所有土地资源的系统性、完整性和长远性的统筹安排，包括在时间与空间二维尺度内对土地用途、开发利用、整治保护等一系列部署，具有地区长远发展的战略性意义。只有在土地利用总体规划要求下，才能保证农村土地有序、安全、稳定地开发与使用。《土地管理法》中确定了农用地、建设用地和未利用土地的范围，并对具体用地类型进行了规定。但是到目前为止，并没有相关法律法规对乡村旅游用地做出明确规划。为了合理利用农村土地，明确乡村旅游用地范围，就必须制定合理的土地利用总体规划，在规划中增加乡村旅游用地规划，明确乡村旅游用地类型，包括旅游用地功能分区、旅游用地范围、旅游用地流转程序、旅游用地标准等。另外，在旅游用地总体规划指导下，各地方政府根据本地区农业地区划分，在地区特色农业区域和旅游资源整合基础上，编制本地区乡村旅游用地规划方案，在空间结构、旅游方式、开发方向等方面，对乡村旅游土地开发进行规划，包括乡村旅游开发中长期发展规划、规划执行、土地功能区划分、耕地保护与生态保护等内容，并在规划中保留一定程度的法律灵活性与可调整性，弥补国家法律法规在实践操作中的滞后性问题，保证乡村旅游发展用地具有可调整空间。

（二）完善具有中国特色的农村土地产权制度

随着我国"三农"问题的逐步改善，农村土地制度也历经了不同程度的变革，但是土地相关法律法规的修改却必须慎重，要能够经受实践的考验。我国农村土地属于集体所有，但是所有权主体、所有权经营管理者却并不唯一，包括农村集体经济组织、村民委员会以及乡镇集体经济组织。事实上，农村集体经济组织并不单纯属于权利主体，自身并不具备保护农村土地权益的内在要求。当乡村旅游用地需要农村土地流转时，农村集体经济组织无法站在农民立场上保护农民土地承包权权益，给旅游开发商的寻租行为提供了便利。而我国《宪法》与《农村土地承包法》等规定的征地制度，也无法在政府层面上保障农民土地权益在乡村旅游发展中的分配权益。因此，必须在法律上明确我国农村土地所有权主体，保障农民能够享有独立的土地权益，这样才能改变农民在土地流转过程中的弱势地位，为实现土地长远利益最大化提供法律支持。虽然我国社会制度决定了土地所有权不能完全赋予农民，但是鉴于我国国情，可以将土地承包经营权权益完全赋予农民，土地所有权仍归国家或集体所有，未经土地使用权人同意，任何个人和组织不得擅自对土地进行流转。不管土地如何流转，只要拥有土地使用权，就可以获得乡村旅游用地流转后的收益分配。这样，既可以保护农民合法的土地权益，又可以减少土地流转纠纷，满足乡村旅游用地的法律需求，促进乡村旅游业快速发展。

（三）制定乡村旅游用地专项及配套的法律制度

乡村旅游业发展不仅涉及土地问题，农村土地资源利用规划和配置后还会出现新的社会问题。只有放眼全局，制定相应的乡村旅游法律法规及配套制度，才能系统地改变乡村旅游用地发展的现状。乡村旅游用地势必会影响农民土地收益结构与风险，因此，需要规范农村土地流转法律法规体系，建立相应的农民社会保障法律法规体系，以法律保障农民的长远权益，而不是把农民所有利益与土地捆绑在一起。

乡村旅游项目开发一定程度上改变了农村原有农业经济结构，农村第一、第二、第三产业结构发生变化，并逐渐融合，同时农村生态环境和社会文化也会受到影响，因此，应该针对农村产业结构变化，配套建立农村生态环境保护机制和政策法规，规范乡村旅游开发生态保护原则，强化乡村旅游项目环境评估的重要性。

乡村旅游给地方经济带来的明显促进作用，容易导致部分地方政府放宽乡村旅游项目审批和准入，不利于乡村旅游市场的健康发展，同时也容易出现权力寻租。因此，要制定并规范乡村旅游准入标准，严格执行乡村旅游审批程序与要求，加大地方政府官员考核的综合指标，降低经济性指标。制定乡村旅游用地专项法律法规，明确乡村旅游用地概念、分类、流转和使用用途的法律条文。通过专项法律及配套法律法规体系减少乡村旅游用地法律纠纷，使乡村旅游用地市场法制化与规范化，以更好地维护乡村旅游市场发展的秩序。

（四）正确处理乡村旅游利益相关者之间的关系

乡村旅游用地涉及的法律问题本质上是利益相关者的权益问题，正确处理乡村旅游用地法律关系，才能保障利益相关者的权益。在乡村旅游用地问题上，集体经济组织不仅是土地所有者，也是农民土地权益的维护者，更是土地流转的监督者。农村集体经济组织作为法律上的土地所有权主体，要正确定位自身的作用与行为的关系。第一，发挥土地所有权主体作用，监督集体土地流转是否合法，并对已流转土地进行具体详细的了解与备案，防止发生违法流转行为；同时不得以集体土地所有者身份强制农民流转土地，更不能代替农民签订土地流转合同，隐瞒土地流转事项。第二，地方政府是乡村旅游项目的监管者，应该转变行政权力过度干涉乡村旅游用地的行为，维护农村土地流转交易双方的独立自主性，同时对开发商与农民的违规用地行为应该加强监管，保证农村土地规划合理实施。转变政府在乡村旅游市场中的职能，以市场性调控为主，保持乡村旅游市场平稳发展。第三，旅游开发商要遵守农村土地用地的法律法规，依法承包、依法开发、依法经营。改变农用地用途时，要按照法律规定程序进行申报，不得违规开发，违法占地。第四，作为拥有农村土地使用权的农民，具有法律上的土地权益，政府与开发商无权剥夺。农民参与旅游服务项目经营的，应依照法律程序审批后改建、扩建房屋，不得擅自更改土地用途。

（五）建立健全乡村旅游用地市场

农村土地流转市场应该是在法律规定范围内以平等自愿为原则，但是由于土地流转市场不健全，存在不规范流转、非法转让和行政强制力介入过深等问题，加剧了乡村旅游用地市场的不稳定性和不安全性，严重损害了农民的土地权益，无法保障乡村旅游用地需求。因此，应健全乡村旅游用地市场法律规范性，防止行政权力过度干预司法公证。首先，严格审查乡村旅游项目开发商土地承包经营资格，对不符合法律规范要求的企业、组织依法回收土地，保持对企业追偿的权利，维护受损农民土地权益。其次，规范乡村旅游用地合同，规范基本合同条款，明确农民土地收益方式、有效期限等，追加无利益关系的独立第三方公正；政府依法监督开发商行为，以过程监督和结果监督相结合的双重保障，制定开发商违法用地惩罚机制和违约保障金制度，对没有按照合同规定进行旅游项目开发的企业责令整改，对在规定期限内没有做出整改的企业，则采取惩罚措施。最后，地方政府要联合第三方独立机构建立农村土地流转信息平台，建立第三方行为规范和法律法规，依法公开乡村旅游用地信息，杜绝虚假信息与夸大信息。要以法律法规、政策条文和政府行政监督行为为抓手，为规范乡村旅游用地市场共同搭建平台，严格乡村旅游用地当事方行为，保障乡村旅游用地市场健康发展。

第四节　旅游型乡村建设要素与乡村振兴战略要义

在社会发展中，因生产模式、土地利用形式、人口密度、生活方式等的差异，人类聚落常常被分为城市和乡村两种类型。尽管乡村发展具有明显的时代烙印，但人们对美好乡村的追求始终不渝。乡村振兴战略的提出，旨在推动农村第一、第二、第三产融合发展和农业农村现代化。旅游型乡村致力于乡村价值再造，缩小因生产要素组合差异而产生的城乡差距，促进"三农"整体和城乡融合发展，实现乡村振兴。

一、旅游型乡村建设要素与乡村振兴战略要义的匹配度

旅游型乡村建设是基于乡土元素、立于旅游业要素、成于市场因素的乡村建设模式，以其具乡土特征的生态环境、人文民俗为基础，以"三农"资源为依托，激活农民生产力、延长农业产业链，实施环境景观化、村落优美化、生活体验化、居民好客化、服务功能化，发展乡村旅游业，实现生态宜

居、产业融合、农业发达、农村繁荣、农民富裕。

乡村振兴战略的核心要义是"产业兴旺、生态宜居、乡风文明、治理有效、生活富裕"。产业兴旺是乡村振兴战略的支撑要素，着力于开发农村新产业、新业态，促进第一、第二、第三产业融合发展；生态宜居是乡村振兴战略的基础要素，致力于农村生态环境的优化与居住环境的美化；乡风文明是乡村振兴战略的精神要素，立足于乡村人文生活和人—地—物关系的和谐共生；治理有效是乡村振兴战略的支持要素，侧重于乡村治理结构和农村管理机制的完善；生活富裕是乡村振兴战略的目标要素，落脚于经济发展成果，惠及亿万农民。

旅游型乡村建设要素与乡村振兴战略要义具有极高的匹配度。首先，二者均要求多样化生产要素的投入，使乡村以农业为主的传统产业结构，转化为多种产业并存或产业融合，可谓不谋而合。其次，二者均将自然生态和传统文化作为资源要素投入经济生产，将生态保护和文化传承作为共同价值追求，可谓旨意相投。再次，乡村振兴战略致力的"人—人、人—物、人—地"和谐共生的乡风文明建设，与旅游型乡村实施的农村优美化、居民好客化、环境景观化，可谓异曲同工。最后，旅游型乡村作为系统的旅游综合体，其多元生产要素聚合、多产业融合和各产业联合发展，需要完善农业农村治理体系，与乡村振兴战略提出的治理有效，可谓殊途同归。

二、旅游型乡村建设是乡村振兴战略的重要支撑

从产业融合来看，旅游业形成了融合第一、第二、第三产业的综合产业，已不同于传统旅游业。旅游业具有产业整合和再生能力，作为旅游型乡村的支柱产业，催生乡村新产业和新业态：与农业结合，催生休闲、景观、采摘、

体验等农业产业形式；与乡村文化结合，催生演艺、研学、游艺等文化产业形态，与地产结合，催生旅游地产、养老地产、游憩地产等产业形成，从而盘活乡村资源，为乡村产业兴旺提供产业链支撑。

依人居环境来说，一方面，旅游型乡村将旅游发展所依赖的乡村特有的自然生态与人文民俗因素，转化为乡村建设与发展的资源，并不过分强调对所谓高品位旅游资源的利用，减轻旅游发展给乡村文化与生态带来的不可逆损害；另一方面，旅游发展中的基础设施建设，为乡村营造了宜居的社会生活环境，形成了宜居的环境支撑，无疑推进了乡村振兴战略生态宜居的目标的实现。

拿乡土风情来讲，旅游型乡村注重乡村肌理保护和传统文化回归，着重开发民风、民俗、民情等非物质文化以及古村落、古建筑、古祠堂等物质文化遗产，焕发乡村"韵味"。同时，旅游者为乡村带来时尚生活方式，传统与时尚的交替，为乡土文化的淬炼升华提供了契机。可以说，旅游型乡村浓厚的乡土"村味"和时尚"风味"是乡风文明的重要支撑。

因治理机制而论，旅游型乡村多种要素融合发展的产业模式，引发上层建筑中治理机制的创新，不再使乡村治理困于"农"与"民"的方寸之间，而是寻求建立适用于人—人、人—地、人—物、人—业和谐的生态、文化、产业、社会的全方位治理系统。这既是乡村振兴战略的要求，也是旅游型乡村建设的保障条件。

就经济活力而言，旅游型乡村建设具有显著的经济带动效用。一方面，旅游产业面向市场需求，将农村农业资源优势转化为产业经济优势；另一方面，通过带动农民就业创业，激发小农户的创造潜力和激情。据统计，2017年，我国休闲农业和乡村旅游各类经营主体已达33万家，营业收入近6 200

亿元。正是由于旅游业带动"离土"小农户进入第三产业或自主创业，经济利益在经营主体和小农户之间合理分配，解决了因农业现代化、新型城镇化带来的农民"离土"难题，使农村发展惠及亿万小农户，实现乡村富裕和农民富有。

总之，旅游型乡村是产业融合、人居和谐、乡土浓厚、治理创新、经济活跃的传统性时尚化村落，其建设与发展是乡村振兴战略的重要支撑。

三、建设旅游型乡村，促进乡村振兴战略的实施

建设旅游型乡村，关键是守住乡土魂，构建和谐体，展现乡村美，做好"+旅游"，以促进乡村振兴战略的实施。

（一）守住乡土魂

乡风文明是人、物、自然间和谐共生的一种状态，它根植于乡土文化，是旅游型乡村的"魂"。守住乡土魂，一要传承乡土文化。通过挖掘乡村文化元素，开发山水村寨、田园农耕、民居建筑、民俗风情等遗产类文化旅游产品，修缮祠庙、戏台、水口林、池塘、古井等既是乡村旅游产品又是农村文化设施的项目，形成乡村生态、文化、产业、旅游、社区的叠加功能。这就意味着旅游型乡村建设要选择最乡土、最能反映原乡风俗、最具特产风味，最接地气、最能反映社会诉求、最能落地实施的主题和内容。二要保持乡村生态文明体系。保护人地和谐、农耕生活、村规民约等构成的乡村命运共同体，保持乡村生命魅力，坚守生态文明理念，激发农民保护乡土家园、建设美丽乡村的信心，构建环境管理、行为约束、生态预警等相协同的保护机制。三要建设旅游文化公共服务体系。建造乡村图书馆（电影室）、村史馆、民俗馆、名人纪念馆、传统文化与生活设施等。

（二）构建和谐体

旅游型乡村是一个系统和谐的旅游综合体，各旅游开发主体和利益相关者，要把乡村看成是尊重传统的聚生态、生活、生产、生养于一体的生命共同体，是具有生机活力的生态村落、文化社区、生活家园、生产农区的聚合态。尤其是有机农业、家庭手工业、风物特产业等传统业态，都是风土人情的积淀，要保护非物质文化遗产，传承工艺文化精髓，延续历史文化根脉，打造产业融合、文化传承、环境宜居、乡村发展的和谐体村落。和谐体需要实施有效的治理：一是通过旅游业对乡风文明的引导和乡土文化的传承，以乡情乡愁凝聚人心，投入乡村振兴建设，从而形成有人情感染力的"人治"体系。二是在旅游型乡村建设规划中，植入乡村法治体系，引导农民自觉懂法、守法，从而形成有法律强制力的"法治"体系。三是整合和应用乡规民约资源，借助出版乡书、发布乡约纪念品、修立乡约碑等形式，焕发优秀传统乡村治理理念的生机，从而形成具有道德约束力的"德治"体系。

（三）展现乡村美

多维展示生态风景、田园风光、民居风貌、人文风情，展现生态宜居的乡村美。首先，维护山水、田园、村落、民居格局，即人与山水林田湖草和谐共生的生态美。原生态保留原生整体风貌及其村庄结构肌理、民居建筑及其风格等，维护人与自然和谐共生的乡村生态聚落形态；加强乡村"颜值"塑造，村落美化要与地形地貌有机结合，彰显优美的山水格局和高低错落的轮廓线；乡村建筑风格、色彩、材质等应传承原生状态，附加的旅游构筑物要突出民族、乡土、时代特征，注重应用文化符号，打造独一无二的高品质村庄。其次，创造参与传统农耕、动植物种养、捕捞与采摘、传统工艺品与风味美食制作、手工作坊劳动等体验的生产美。最后，构建观赏民俗风情、欣赏乡土景观、品尝民间美食、参加节庆活动的生活美。同时，加强乡村环境的整治和提升，建设"美丽乡村"。

（四）做好"+旅游"

应用"+旅游"业态创新模式，实现旅游和农业农村多方位融合，基于旅游业的聚合、整合与链合性，配置乡村要素，盘活农村资源，建立农村农业新型产业体系，发展"农业+观光""水利、工程+旅游""养生、民宿+度假""美食风味、节庆、会展+体验"等多种形式的乡村新业态，建立起农村产业融合发展体系。同时，促进农业产业链延伸和更新，发展农旅融合式的"农业+创意"及田园综合体、乡村农庄等产业，提高农业附加值，塑造链接旅游的乡村产业品牌。

通过旅游型乡村建设，促进产业兴旺，构建生态宜居环境，推动乡风文明，完善乡村治理，实现生活富裕，是一条助推乡村振兴之路。

第五节　乡村振兴战略背景下的乡村旅游业转型升级五链驱动

一、乡村振兴战略与乡村旅游业转型升级的关联性

乡村旅游业和乡村振兴战略是不可割裂的，两者都是解决"三农"问题、推进现代化的重要途径。发展乡村旅游业可统筹城乡生态环境建设、产业结构调整、人力资源配置、社会保障制度等，成为乡村振兴战略重要的产业支撑之一，有力推动实现乡村振兴的步伐。伴随着乡村振兴战略的推进，大量的人才、资金、技术等生产要素将加强向乡村流动，为乡村旅游业的转型升

级提供扎实的保障。乡村振兴战略与乡村旅游业的转型升级可以说是相得益彰，乡村振兴战略的目标就是乡村旅游业转型升级的方向，乡村旅游转型升级有力助推了乡村振兴战略的实施。两者相辅相成，相互促进。本节参照联合国可持续发展委员会提出的"驱动力—状态—响应"模型，对乡村振兴战略与乡村旅游业转型升级的关联度进行了分析。

从各自为政的单向发展到相辅相成的协同共赢：产业兴旺是乡村振兴战略的经济基础。产业兴旺应从转变传统的产业发展方式，从各自为政的单向发展到相辅相成的协同共赢，通过加工链的纵向延伸、服务链的横向扩展和功能链的融合拓展，将产业体系、生产体系、经营体系有机结合与链接，从而构建健全的乡村全产业链体系。

从重视乡村自然生态到兼顾城乡自然与社会共生共存：生态宜居是乡村振兴战略的环境基础。生态宜居强调从重视乡村自然生态到兼顾城乡的自然与社会的共生共存。从概念角度看，生态宜居包括自然生态和乡村社会生态，即乡村人居环境的优化。从地域角度看，不仅仅是指单个点状的乡村生态宜居，而是以点带线、以线带面的城乡联动的生态宜居。

从分散的点状文化到融合的面状文化：乡风文明是乡村振兴战略的文化基础。乡村文化应从分散的点状文化向多元的融合文化发展。从文化层次而论，乡村旅游文化既包含乡村旅游物质文化和乡村旅游精神文化，还包含乡村旅游制度文化和乡村旅游行为文化。这四个层次的乡村旅游文化在相互独立的同时又彼此相依，共同融合成乡村文化的有机整体。从文化时间角度而论，乡村文化既是世代相传的乡村农耕文明，更是自工业文明以来形成的现代文明，是传统文明和现代文明相互融合与发展的乡风文明。

从纵向主导和服从管理到多元参与和协同治理：乡村治理有效是乡村

振兴战略的社会基础。乡村的管理主体由最初的政府单一管理到引入旅游企业，再到逐渐将居民纳入管理主体范围内，最后将游客纳入乡村治理链当中。因此，村治理应从纵向主导和服从管理到多元参与和协同治理，四者统一于"德治、法治、自治"的多主体参与的多元化协同治理体系之中。由于治理链的不断提升，整个链条不断得到强化，各个参与主体相互依存，发挥着不可替代的作用。

从单一收入标准到多样的衡量指标：生活富裕是乡村振兴战略的民生目标。生活富裕的衡量标准从单一收入标准变为多样化衡量指标。乡村振兴战略的实施效果不仅要用农民生活富裕程度来评价，还要用完善的配套设施、健全的公共服务体系、较高的收入水平等多重指标来衡量。因此，要完善生活链，补齐短板设施，完善乡村的配套设施，健全公共服务体系，拓展农民的收入来源。

二、乡村旅游业转型升级五链驱动路径

乡村旅游以乡村振兴战略的总要求，即"产业兴旺、生态宜居、乡风文明、治理有效、生活富裕"为依据，通过五链驱动："拓展产业链、优化生态链、融合文化链、提升治理链、完善生活链"，即"拓、优、融、强、补"链条实现乡村旅游业的转型升级。

（一）扩展产业链——拓链条

乡村旅游产业链已开始对整个乡村经济形态产生强大的穿透力和贡献力，通过"拓链条"，使空间延伸、扩散和融合发展，实现乡村旅游产业链的延伸和拓展。由于传统农业生产要素的缺位和长期"单点式"发展模式，造成"短板效应"，抑制了农业发展的竞争力。因此，必须对乡村旅游产业

链进行整合与拓展，协调产业链的上下游环节系统，带动农业供应链、价值链和功能链升级，促进第一、第二、第三产业融合发展。要拓展乡村旅游产业链，必须进行农旅产业链的纵向延伸、服务链的横向扩展和功能链的融合拓展，融合乡村旅游业的吃、住、行、游、购、娱六要素与种养加、产供销、贸工农等诸多环节，优化各种生产要素的组合方式，实现优势互补。

构建全产业链来统领基础产业链、服务链和功能链，促进第一、第二、第三产业融合，推进农业与休闲旅游、文化、养老产业的融合发展。第一，产业链的纵向延伸包括农业产业基础产业链和乡村旅游产业链的纵向延伸。第二，乡村旅游产业服务链主要包括硬件基础服务链和软件服务链，两者共同构成乡村旅游服务链体系。硬件服务设施主要包括旅游交通与通信、电商物流、交易市场和旅游接待设施、购物设施、娱乐设施等；软件服务则是指新型旅游服务主体在乡村旅游发展过程中提供的一系列服务。第三，乡村旅游功能链是指农业与文化创意、休闲旅游等行业的融合，向生态、文化、旅游和教育等领域拓展，衍生出体验农业、创意农业、休闲农业和科普教育农业等系统性的新业态，实施"农业+"，打造上下游融合的乡村旅游全产业链，从而形成全新的农业产业链。如"农业+旅游"形成农业旅游、"农业+教育"形成科普农业、"农业+文化创意产业"形成乡村创意农业等，实现乡村产业由单一功能向综合功能转变。

（二）优化生态链——优链条

乡村生态链主要包含自然生态链和社会生态链。其中，自然生态链包含农业生产系统和农村生态系统管理；社会生态链是指人居生态环境管理体系。生态链的优化，自然生态和社会生态必须双管齐下。一是，要建立完备的农村自然生态环境保护体系，优化森林、水系、草原和湿地等自然生态系统。大力发展循环生态农业，积极引进现代农业技术，加强农业资源的节约化，促进资源再利用，促进农业环境综合整治，推进农业可持续发展。二是，社会生态包括农业绿色发展制度体系、农业农村污染防治制度体系、多元环保投入制度体系、科技支撑体系等。要完善基础设施，改善村容村貌，加强优化村庄规划管理，加大农村垃圾污水治理力度，推进"厕所革命"；加大对村庄环境改善提升的整治力度，以点带线、以线带面，建立（乡）镇、村、组三级联动机制；健全生态文化体系，传播生态文化绿色理念。

（三）融合文化链——融链条

文化链的融合是以旅游业为基础，统筹物质文化、精神文化、制度文化和行为文化四个层次的乡村旅游文化进行文化整合，共同融合成乡村文化的有机整体。"融链条"是指在保护乡村物质文化，挖掘乡村行为文化，传承乡村制度文化和弘扬乡村精神文化的基础上，大力推动旅游业与文化产业的融合，形成完整的乡村文化链。第一，物质景观是乡村传统文化的活化石，在进行旅游开发时要注重反映这些乡村物质景观体现出的精神，延续地域历史文脉；同时，注重保护乡村历史风貌和特色，传承与保护好文化根脉。第二，乡村行为文化是指通过人的日常行为体现出来的有形文化，是由人类在社会实践中约定俗成的行为规范。习惯性的风俗构成的文化层，包括活动规范和行为方式，体现在礼俗、民俗、风俗等形态中。第三，乡村制度文化又称为"乡村社会文化"，内容丰富，是乡村地区在长期的历史发展过程中为维护乡村社会稳定、社会秩序而约定俗成的伦理道德和礼仪规范。对个人参与社会活动具有规范性作用，也具有可看、可观、可参与的特点，可利用这些差异性和乡土性的制度文化素材，开发出相应的乡村旅游产品。第四，乡村旅游精神文化表现为乡村居民的性格、价值观、生存观等，既包括道德风尚、思想状态、精神风貌和文化素养等，也包含村落、民居的选址布局艺术、传统生活习俗、乡村非物质文化等方面。这四个层次的乡村旅游文化相互独立又彼此相依，共同融合成乡村文化的有机整体。

（四）提升治理链——强链条

治理链的提升要通过"强链条"，增强乡村治理合力，实现政府政策引领，企业科学管理，农民参与管理和游客创新管理，从而形成"政府+企业+居民+游客"多主体的协同治理体系。首先，政府重点负责政策引导和规划引领，营造有利于乡村旅游发展的外部环境。如完善政策与法制保障体系，建立部门协作机制；加强乡村旅游宏观调控，维护市场秩序；建立现代乡村治理体制，从形成"产业型"政府组织等方面着手，并从行政、法律、政策建议等多方面，保证村乡村旅游管理处于法律与政策保障之内。其次，旅游企业转变经营管理模式，形成科学管理体系，打造专业化的管理团队，提升企业的经营管理水平，为乡村旅游发展提供专业化的管理与科学的市场分析指导，并提供资金支持与技术指导，促进乡村旅游管理向科学化发展。再次，强化农民参与的作用，可通过旅游个体经营户管理、公司和政府带动农户参与管理及股份制合作模式参与管理等途径。一方面，让农户通过参与旅游业中的经营管理获得收益分配；另一方面，农户就近就业，参与生产，在农业、手工业、旅游业等方面创造财富。第四，游客是旅游活动的主体。随着游客需求越来越细分化，旅游业已从景区导向时代进入游客导向时代。游客对旅游经济发展的作用越来越大，并将成为促进旅游产业发展模式转变的拉力。通过建立游客需求反馈机制，采纳游客的建议，创新"消费关系"模式，以"主客共享"理念经营管理等创新管理模式，在参与管理过程中能从旅游需求者的角度出发，建言献策，甚至直接参与到管理活动中。

（五）完善生活链——补链条

生活链的完善要通过"补链条"的方式，从基础设施、公共服务、拓宽收入来源入手，补齐短板和欠缺的链条。第一，推进乡村旅游配套设施建设。结合乡村的发展情况，建设生态化的乡村休闲度假酒店、乡村民宿、乡村特色美食街、乡村特色商业街，作为乡村旅游的商业配套板块，综合性地体现生活、休闲、购物、娱乐等多项功能，引入高端基础设施，如旅游民宿、农家乐等，为整个区域提供高品质的服务。第二，完善乡村旅游地的公共服务水平。提升基础教育、医疗卫生保障、社会保障和文化信息服务基建设设施，推进教育保障机制、完善医疗救助制度、健全农村社会保障体系和旅游扶贫开发建设。第三，提高农民收入水平。在发展旅游业的过程中，使资源变股权、资金变股金、农民变股东，改变以往单一的务农收入模式，转变为旅游业接待收入、务工收入、经商收入、财产性收益、转移性收益等相结合的收入模式，使农民的收入来源实现多元化。

结束语

党的十九大报告中提出乡村振兴战略，为乡村旅游业的发展提供了机遇，指明了方向。在乡村振兴战略背景下对乡村发展中面临的相关问题进行进一步探讨，对乡村旅游的对接、服务等内容的实施，以及乡村的文化振兴等内容进行思考。乡村振兴战略背景下乡村旅游业发展的相关建议及策略如下：

（1）以产业发展为主导。在乡村振兴战略背景下，乡村旅游业有了新的使命，将产业兴旺发展和美好生活的实现作为主导内容，在遵循乡村发展规律的基础上，发挥村民的主体作用，推进规划的制定与实施，对乡村的特点及文化进行弘扬。在乡村旅游项目的施工过程中，要体现环保的需求，同时对传统及材料的经济性有一定的呈现。

（2）重视旅游项目的规划及决策。在进行乡村旅游项目建设过程中，重视项目规划的统领作用，将决策理念及思想在整个过程中加以贯彻，实现村落及社区决策参与性的结合，完成决策及民主化的规划呈现。村落中，村民是主体，因此，要重视村民的感受及需求，真正实现村民的参与作用，避免因为发展乡村旅游业而侵害农民的利益，将乡村旅游业对农业、农民发展的促进作用作为根本发展要义。

（3）落实社区居民的经营参与。作为乡村居民劳动生活的重点，应该重视经营及服务过程的统一，通过对旅游项目的开发，增强乡村居民的核心竞争力与吸引力，通过两个目标的结合统一，实现农业文化及旅游项目开发的积极性的提升，从而保证旅游产品竞争力的提高，实现乡村旅游业的良性循环。在对工商社会资本保护开发的同时，将农民融入其中，农民作为乡村保护开发的主要参与者，是乡村旅游业的重要建设者和维护者。

（4）推动乡村旅游业发展。作为乡村旅游业发展的重点内容，在发展的基础上推动旅游业的前进，是乡村旅游扶贫项目的重点。旅游的资源条件相对较好，客源组织条件相对较为优越，在对社会资本进行调整的同时，完善乡村的项目开发建设，规划具有市场竞争力的旅游路线，从而促进农业产业结构的调整，促进区域经济的繁荣。将闲置的农田、林地及房屋等加以应用，从旅游经营者处获得相对较为稳定的物业收入，强化对参与经营的农民进行业务技能的培训，通过乡村旅游业及就业岗位的增加，为农民生活方式的转变提供可能。

综上所述，在乡村振兴战略背景下，充分发挥乡村已有的资源、场地及文化底蕴等，大力发展乡村经济，建设美丽乡村，使其成为新时代的乡村，共同为社会经济发展作贡献，同时丰富旅游内容，激发乡村新业态发展，大力发展休闲度假、创意农业、旅游观光等，使游客体验乡村的本土文化、享受满意的服务，实现农民增收，促进农业产业的进一步升级。

参考文献

[1]张述林. 旅游发展规划研究：理论与实践[M]. 北京：科学出版社，2014.

[2]北京市农村工作委员会，等. 北京市休闲农业与乡村旅游发展报告（2013）[M]. 北京：中国农业科学技术出版社，2013.

[3]毛长义. 区域旅游发展战略研究[M]. 北京：科学出版社，2013.

[4]北京市农村工作委员会，北京市农村经济研究中心，北京观光休闲农业行业协会. 北京市休闲农业与乡村旅游发展报告[M]. 北京：中国农业科学技术出版社，2013.

[5]田里，李柏文，李雪松，等. 云南乡村旅游发展研究[M]. 北京：中国旅游出版社，2013.

[6]万小艳，等. 乡村治理与新农村建设[M]. 北京：知识产权出版社，2011.

[7]耿红莉. 休闲农业服务人员指南[M]. 北京：中国农业出版社，2010.

[8]史亚军. 观光农业概论[M]. 北京：中央广播电视大学出版社，2011.

[9]詹玲. 发展休闲农业的若干问题研究[M]. 北京：中国农业出版社，2009.

[10]郭焕成，郑健雄，任国柱. 休闲农业理论研究与案例实践[M]. 北京：中国建筑工业出版社，2010.

[11]范水生. 休闲农业理论与实践[M]. 北京：中国农业出版社，2011.

[12]吕明伟. 休闲农业规划设计与开发[M]. 北京：中国建筑工业出版社，2010.

[13]任荣，等. 创意农业探索与实践[M]. 北京：人民出版社，2009.

[14]张一帆，王爱玲. 创意农业的渊源及现实中的创新业态[M]. 北京：中国农业科学技术出版社，2010.

[15]蔡小于. 乡村旅游经营宝典[M]. 成都：西南财经大学出版社，2008.

[16]蔡碧凡. 农家乐经管管理人员知识读本[M]. 北京：中国农业出版社，2010.

[17]农业部农村社会事业发展中心. 休闲农业讲解员业务知识与实务[M]. 北京：中国农业出版社，2010.

[18]窦志萍. 导游技巧与模拟导游[M]. 北京：清华大学出版社，2010.

[19]阿诺德·汤因比. 历史研究（上、下）[M]. 郭小凌，等译. 上海：上海人民出版社，2010.